【皈敬頌】

廣海明月

道次第廣論講記淺析

第二卷

宗喀巴大師／造論
日常老和尚／講述
真　如／淺析

出版緣起

綜觀古今中外，無論貧富貴賤，生老病死是所有人都難以迴避的問題，唯有佛陀找到解決這些痛苦的良藥，而遠離了所有的痛苦、成就圓滿的快樂。佛在成道後三轉法輪，將離苦得樂的方法宣說出來，使任何有緣依之而行的凡夫，皆可獲得圓滿的佛果。

其中二轉法輪在靈鷲山宣說了《般若經》，《般若經》直接闡述的是萬法的真相——甚深空性的道理，間接也詮說了現觀道次第。彌勒菩薩造《現觀莊嚴論》，開闡《般若經》中現觀道次第之內涵。西藏智者之頂嚴宗喀巴大師，以《現觀莊嚴論》為基，並依印度大成就者阿底峽尊者所造《菩提道炬論》中三士道之內涵，而著作了《菩提道次第廣論》（以下簡稱《廣論》）。此論統攝一切佛語扼要，囊括從凡夫到成佛所須修學的一切內涵，次第井然、易於受持，是想究竟離苦得樂的人往趣佛地的最佳指南。自十五世紀至今，《廣論》教授盛弘於西藏、四川、青海、蒙古等地。二十世紀初，漢地法尊法師入藏求法，始將《廣論》譯為漢文。

上日下常老和尚（1929－2004）一生親近各宗派諸多大德耆宿，博通三藏，持戒精嚴，以其精湛之學修詳審觀察，深見《廣論》教授之殊勝，遂發願弘揚。1988年，首於台灣台中圓滿講述，共160卷錄音帶。老和尚之講述深入淺出，廣引經論、祖師言教，並以善巧譬喻，引導學習者建立生命崇高的目

標，並依所學內涵對照自己的身心，進而淨化、提升，在離苦得樂的路上步步前行。

　　2004年日常老和尚圓寂，將帶領福智團體僧俗學修之重任，託付給心子——真如老師。真如老師十四年來戰兢惕勵、竭盡身心，承繼老和尚之心願，帶領僧俗弟子虔誠學法，推展廣大弘法利生之事業，成果斐然。如今全球學習《廣論》之學法者已逾十萬人，遍及亞洲諸多國家，乃至美洲、歐洲、大洋洲等，獲益的眾生難以數計。

　　真如老師更自2018年四月起，每週兩次，親自帶著所有僧俗弟子對老和尚開示之《廣論》再作詳細、深入的學習。每一講開示，老師可謂用心良苦，不但字斟句酌地引導弟子契入老和尚開示之內義，並且廣引《廣論四家合註》、五大論等諸大經論為依據，更結合日日生活的方方面面，清楚指出實踐的下手處。

　　此系列開示發行以來，引發廣大回響，在諸方殷重祈請下，真如老師親自核對，由弟子們將開示輯錄成冊，名為《廣海明月》。以此供養具恩師長、諸佛菩薩，及期盼以清淨法語璀璨生命的共學法者。回向聖教昌弘、善士久住，一切如母有情速趣解脫之道，共臻佛地。

福智僧團法寶中心 謹識

編輯凡例

一、本書引用之《菩提道次第廣論》原文，根據福智之聲出版社之《菩提道次第廣論》第三版（宗喀巴大師造，法尊法師譯，台北：福智之聲出版社，2015）。

二、本書引用之日常老和尚講記原文，根據《菩提道次第廣論手抄稿　南普陀版》冊1（日常老和尚講述，台北：圓音有聲出版有限公司，2016）。

三、本書引用之《四家合註入門》原文，根據《四家合註入門》冊1初版一刷（哈爾瓦‧嘉木樣洛周仁波切講述，釋性柏、釋如行合譯，台北：福智文化股份有限公司，2016）

四、本書所引《菩提道次第廣論四家合註白話校註集》、《四家合註入門》原文與箋註、《菩提道次第廣論》原文以及其他經典，皆採金色楷體；日常老和尚講記原文採金色仿宋體；真如老師淺析文字以黑色新細明體呈現。

五、《廣海明月》是真如老師在2018年4月起，依循日常老和尚的講記，結合《廣論四家合註》及五大論等諸大經論，深入淺析《菩提道次第廣論》之開示。由弟子們錄音、整理文稿，各講次均按順序編號，並標記各段落音檔之時間點，便於讀者對應查閱。

六、每一講次前皆附上該講次音檔 QR code，以利讀者掃描至
　　福智全球資訊網 (https://www.blisswisdom.org) 之〈全球廣論
　　II〉頻道，聆聽每一講次開示。

七、各講次雖為真如老師於不同時間、地點所錄製而成，然內
　　容實為相互連貫。

目 次

廣海明月

——道次第廣論講記淺析
第二卷

2A

講次0040

線上音檔掃描

　　大家好！又到了我們一起研討《廣論》的時間了，覺得很幸福！因為每到聽師父的《廣論》帶的時候，就會回憶起跟隨在師父身邊學法的日子，那是我的生命、鳳山寺很多法師的生命中，還有很多居士生命中，最最美好的一種回憶。0'29"

　　每每提到宗大師教法，師父都會非常地感動，有的時候會熱情洋溢。在師父的心中，宗大師教法是那麼地清淨圓滿，引領著很多很多有情走向解脫、走向成佛。跟隨在師父身邊的時候，會深刻地感受到師父的身語意傳遞強烈的虔誠的力量！所以今天我們在上課之前，也希望大家能夠端正自己的發心，用一個大乘的意樂——為利有情願速成佛，以這樣的意樂聽聞今天我們研討的部分。1'33"

日常老和尚開示音檔起訖：2A 00:00～04:02
2015年版手抄稿頁/行數：1冊　P35-L1～P37-L1
2016年版手抄稿頁/行數：1冊　P35-L1～P36-LL1

　　如果以一個清淨的、哪怕是造作的「為利有情願成佛」這樣一個動機，終於有一天，我們由於造作、不斷地串習，會生起真正的菩提心。所以每天研討之前動機的調整，還是不可或缺的，是非常重要的，可能對我們來說有如陽光普照一般。2'01"

　　現在大家調整好了之後，我們就要開始聽師父的帶子。今天師父是講到宗大師開講十七部論的這個故事，可能稍稍有一點長，所以在聽的時候不要走神，要全神貫注，好嗎？如果準備好了就開始聽了喔！2'25"

　　好，我們現在繼續下去。《菩提道次第廣論》，昨天說到那個宗喀巴大師，他一天能夠講二十一座，最多的時候講二十九部大論，一個法會當中。他曾經有一次在一個法會上面，他這麼說啦！他說：「現在末法啦！我們不管⋯⋯大家都條件差呀！」他想起世尊正法時候的盛況，他就說在他們那個時代，就是指西藏曾經有過一個很輝煌的法會，在同一個法會裡邊，有一位大善知識能夠講十一座。十一座，就是每天這樣講經的法會講十一座，每座講一部論，每一部論它有一個主要的一個內容，然後要旁徵博引全部的經論。這是非常不簡單、非常不簡單的！我們

平常講一部那都不大容易，他要講十一部。3'47"

　　那麼所以很多弟子就讚歎啊，所以就說勸請，請那個大師——宗喀巴大師。他就說：「假定我稍微用功一點的，也許可能做得到。」那麼所以很多弟子們、周圍很多的善知識都來勸請——法本身都要非常恭敬地勸請。那麼大師就說：「好，那我試試看。」所以他就事先馬上就閉關，一心一意地準備。那麼後來這個消息傳開了，本來大師已經是當地出了名的，所以有許多人聽見這個消息，大家就來請求說要參加這個法會，這樣殊勝難得，末法的時候，希望稍微減緩幾天，大家要趕來聽。4'46"

　　所以大師剛開始的時候稍稍講，經過了又緩了幾天以後，結果一天同時開講十五部大論；實際上講完了十七部大論。啊，大家是讚歎不已！以後曾經最高的時候講二十一部大論。我們單單聽見這個數字，啊！只是讚歎、讚歎，如果我們將來真的有機會能夠參加這種大善知識的修行道場，那時候才了解殊勝，不可思議。他不但如此，而且他自己本身的修行還一點都並沒有差脫，並沒有差脫！就這樣，所以這個地方特別說明大師本身的成就。5'38"

　　關於這一點啊，我鼓勵你們看一看宗喀巴大師的《應化因緣集》，佛教書局有。那同樣地，我們手上已經發的這個《阿底峽尊者傳》，它不僅僅是他的傳記，對我們有很大的啟發，有很大的啟示。那個就是本論的作者，而大師本身的成就之高，我這裡不進一步解釋。那個是造者。那麼下面就是翻譯的法尊法師，他是民國以後的一位了不起的大法師，他是走了沒有幾年，大概才四、五年吧！那麼我想我這個只是非常簡單的說明啊！6'31"

　　好，大家剛才有認真聽嗎？師父在這一段裡講的宗大師講十七部論的故事，在克主傑大師所著的《宗大師傳・起信津梁》裡也有這樣的記載，那年宗大師是三十三歲。在這之前，他詳加閱讀所有西藏翻譯的經典，就是把凡是翻譯過來的經典，還有佛經的註釋都看了，因此他對一切經論就產生了許多許多的思考、抉擇，所以他就在三十二歲那年寫了《現觀莊嚴論》的廣釋，簡稱《善說金鬘論》。7'21"

　　大家都知道，今年（2018年）我們夏天就在熱火朝天地學習《金鬘論》，整個寺院像過節一樣。我們這個學程裡面有應屆的學生，正式學《金鬘論》第二年；然後還有兩班是跳班的，可

以想見跳班生是很辛苦的，因為我們是用藏文在學；還有一些隨喜的法師們，所以今年整個寺院掀起了學習《現觀》的熱潮。我也在學，我們每天都像過節一樣。7'57"

尤其是當講到《金鬘論》中的二十二種發心的時候，非常非常地感人！那一天是好幾個法師的生日，還有一個小沙彌過生日。他就跟我說：「老師，我過生日了！可不可以給我生日禮物？」我想了想，說：「我給你的生日禮物你敢不敢要？」他說：「敢收啊！」我就跟他說：「請你把二十二種發心完整地背下來。」因為現在漢文的翻譯還沒有最後確定，所以他先背藏文。「背下來之後，到我這來領生日禮物。」結果剛說完，就有好幾個沙彌舉手說：「啊！我也是今天生日、我也是今天生日……。」他們都要背二十二種發心。8'41"

從那天開始，我就收到了「啊！一個月之後是我的生日。」或者說：「前幾天我過生日了，我可不可以也要這個禮物？」可以想見法師們對於聞思的熱情和勇悍。其實他們已經有要背的很多經典了，那二十二種發心不是必背的，但是實在是太美、太美了，所以法師們都爭相地要把它背下來。我覺得這真是盛況，前所未有的盛況！其實挺想要你們能夠看到，但是透過我的描述能

夠感受一下也可以。大家也可以發願以後能夠聽到漢文版的《現觀莊嚴論》，因為法師們已經學完了。今年這是第二梯次的《金鬘論》，今年《現觀》第二年。開心吧？聽一聽，開心吧？
9'28"

講次 0041

線上音檔掃描

　　現在我就給大家約略地講一下克主傑大師所著的《宗大師傳・起信津梁》對這一段的描述，其實跟師父描述的差不多。那年的大師三十三歲，有一天晚上，大概就是像師徒隨談一樣吧，宗大師就又講起了西藏智者們的那些傳記呀、事蹟。然後談到了四難論師釋迦獅子在一座中同時宣講十一部論，這應該是後期西藏地區同時宣講論典當中最多的一次。可以想像，當時師徒間聚在一起議論這件事情，然後宗大師非常感慨，這個時候格西夏敦等人就馬上祈請。看看！他們是很聰明的，就馬上祈請，說：「希望大師可不可以在這裡，也像往昔那樣宣講那麼多的論典呢？」看到這一段我就想：「咦！克主傑尊者有沒有祈請呢？」大師三十三歲的時候，克主傑尊者還沒有來。然後宗大師就回答說：「我如果稍加努力的話，應該能講那麼多論！」師父描述的也幾乎是原話。然後弟子們就說：「哎呀！那大師……」不知道

日常老和尚開示音檔起訖：2A 00:00～04:02

2015年版手抄稿頁/行數：1冊 P35-L1～P37-L1

2016年版手抄稿頁/行數：1冊 P35-L1～P36-LL1

他們怎樣稱呼宗大師？師父啊或者什麼？現在如果我們圍在師父旁邊，就會說：「啊，師父！那您無論如何一定要宣說啊！」可以想見當時很多弟子圍在宗大師旁邊的那種激動啊！都在虔誠地祈請。然後，宗大師居然答應了！1'39"

所以在那個月的初十到月底，宗大師就進入了閉關——閉門閱讀經典，開始研閱經典做詳盡地準備。在月底的那一天他就出關了。大家都知道藏系的經函讀完之後就用一個黃色的經帛，上面拴著一條紅色的帶子，把書整整齊齊地包好。我們一本書是訂在一起，他們一頁一頁是散開的。大師就把所有的經論都綁起來擺好，然後就開始講。看到這裡的時候問格西拉，格西拉說大師講法的時候也沒看書，這已經是不可思議的事情了！2'25"

在初一，他要開始講法的時候，桑浦那邊有很多具有希求心的三藏法師、持教者，一聽說大師要開始講十五部論啊，都想要來，因為馬上就要開講了嘛，大家就很希望宗大師能夠等他們。大家可以想想，這種心情啊，求法的你我都可以理解。如果聽說有傳法——十五部論，哇！那我們可能坐飛機的、坐船的、騎腳踏車的、跑步的可能都想來，因為實在是太殊勝了！2'58"

所以，大師就等了。再往後三天他是怎麼等的呢？就講了密勒日巴尊者和馬爾巴尊者的一些教言，然後在初五——第五天的時候就開始講了。一天當中是十五部大論同時開講、同時開頭，比如說開始講「梵語云」，他都是這樣開始。從黎明講到黃昏，一天當中就講十五部論，沒有一部論是沒被講到的。在講完了兩部比較短的論典之後，又另外加上兩部論典，這樣的話就變成了十七部。想一想都會令人熱血澎湃！3'43"

我先說一下這個十七部論典是什麼，大家可以先聽一下。這裡邊有《釋量論》、《現觀莊嚴論》，然後《阿毗達磨集論》，幾本了？三本了。數喔！第四本《俱舍論》、第五本《律經根本文》，接著就是《慈氏五論》的後四部，就是《經莊嚴論》、《寶性論》、《辨中邊論》、《辨法性論》。然後是什麼？《中觀理聚五論》——《中觀理聚五論》是什麼呢？《中論》、《迴諍論》、《精研論》、《七十空性論》，還有《六十正理論》。幾本了？十四本了，對吧？然後第十五部就是《入中論》，第十六部是《四百論》，第十七部《入行論》。4'32"

像第一部《釋量論》，過去在西藏，對於《七部量論》這些論典學說的建立作抉擇的時候，他們會認為是一般共通的論議，

一些人士會一致認為量論不是開示趣向解脫和一切智的道次第的理論。但是宗喀巴大師以清淨無垢的觀察智，對因明學的總綱和內容，像陳那菩薩所著的《集量論》及法稱論師所著的《釋量論》等著作，他就詳細地觀察和探索。在心中領會了在這些經論的理路中，完全無誤地開示修行大小二乘的道次第，他完全無誤地領受了這一點。因此他就對著作量論的師徒——陳那菩薩、法稱論師，生起了真實的——注意——非造作的猛利的信仰！這顯然是說，因明學不僅僅是一些見聞或者一些理路，它是真實的修行教授。5'43"

所以，在宗大師閉關修持的空隙間，他就閱讀《釋量論》。《釋量論》有一本解釋——《解說理智庫》，宗大師閱讀到第二品開示「道的建立」的時候，對法稱論師的學說和理路猛烈地生起了不可抑制的無限的信仰。據說那一年是在秋季安住的時間中，他一閱讀到《釋量論》的時候就油然生起了信仰，汗毛直豎，止不住地——他這裡邊寫「信淚長流」。這是在《宗大師廣傳》裡邊有記載的。「長流」是哭了很久的意思吧！6'28"

講次 0042

線上音檔掃描

　　在這裡邊講的第一部就是《釋量論》，為大家介紹一下好不好？你們會不會想聽呢？還是只要聽到論的名字就好了呢？應該是想聽一聽吧！那我略講一下。《釋量論》是法稱論師所造，主要的所詮就是「推理八句義」：「正現前識」——認識的「識」、「相似現前識」；「正比量」、「相似比量」；「正能破」、「相似能破」——有沒有發現都有一個正的和相似的；「正能立語」、「相似能立語」，是說自己透過比量了解取捨，進而現證，之後再透過能破與能立語令他人了解。不僅僅是自己了解，透過比量了解了取捨，然後也可以令他人能夠了解。0'54"

　　所以第一品是講比量，第二品特別解釋《集量論》的〈皈敬頌〉。在這裡邊又非常重要地成立前後世，以及佛陀是正量士

日常老和尚開示音檔起訖：2A 00:00～04:02
2015年版手抄稿頁/行數：1冊 P35-L1～P37-L1
2016年版手抄稿頁/行數：1冊 P35-L1～P36-LL1

就是我們為什麼要皈依佛、要皈依三寶，說成立佛陀是正量士夫。宗大師閱讀完就信淚長流。第三品講現量，第四品講能破與能立語。這是《釋量論》。大家可以想想，這是理路非常非常嚴密的一部論著。這是第一本對吧？這是第一本吧！1'32"

第二本是《現觀莊嚴論》，就是我們今年夏天學的。以後你們也會學到，好好發願喔！好好發願！真的太好聽了，太好聽了！《現觀莊嚴論》是至尊慈氏所造，主要是講「八事七十義」，清楚地闡示了——注意——《般若經》的隱義現觀道次第。大家都知道《般若經》是解釋空性的，被稱為經中之王。為什麼被稱為經中之王呢？因為《般若經》的出現，就是為了解決眾生最深的痛苦——生老病死的痛苦，而《般若經》所解釋的空性，就是正解決眾生的生老病死。但是，如果沒有這個《現觀》解釋，我們不知道《般若經》裡面還有隱義的現觀次第。所以它清楚地闡示了《般若經》的隱義現觀次第，這裡邊提出了一切相智、道相智、基智，這就是我們最終的目標——獲得一切相智；進而修行正等加行、頂加行、漸次加行、剎那加行，最終會獲得果位的法身。這是《現觀》。2'40"

大家都知道《現觀莊嚴論》是無著菩薩到天上聽至尊彌勒講

的，所以這是百分之百的天書。今年夏季我們就學了這本天書，還是滿接地氣的，非常地令人震撼。想想天人和我們都學一本書，好像也挺好的！然後又想想：哇！在天上是不是也有很多我的同班同學？想想滿高興的！這是宗大師講的第二本。3'16"

第三本書就是《阿毗達磨集論》，這個也是無著菩薩所造的，又名《上部對法》。它是從大乘共通宗義的角度，解釋了五蘊、四諦、三藏、修道的補特伽羅等諸法的名相。3'34"

第四部是《俱舍論》，對吧？《俱舍論》是世親菩薩造的，又名《下部對法》；《阿毗達磨集論》是上部，它是《下部對法》。它主要是從有部宗的角度，解釋了五蘊、十二處、十八界、二十二根乃至靜慮等諸法名相的內涵。《阿毗達磨集論》和《俱舍論》，一千多年前玄奘大師就翻譯過來了。我們寺院的很多同學也學完《俱舍論》了，隨喜呀！隨喜，你們要隨喜哦！4'13"

接下來是《律經根本文》，這個現在還沒有漢譯本，它是功德光論師所造的。它是將律典中的內涵編排為三個部分：第一個是未得戒者如何才能受戒；第二個是已得戒律者如何守護；第三

個是假設不慎違犯,那麼如何懺悔還淨,用什麼樣的方式懺悔還淨。其中清楚地解釋了每一條戒的內涵,包括依止阿闍黎、結夏、解夏、還淨的作法等等。這個我們寺院有一些同學,最高班的也學完了,隨喜!這是宗大師講的第五部了,十七部中的第五部。聽聽哦!把一部論學明白都是要很辛苦的哦!注意!現在才五部。5'06"

然後第六部是《經莊嚴論》,也是至尊彌勒造的,慈氏五論之一,引用了許多佛經,廣泛開示道的扼要。《經莊嚴論》,這是不是也是天書啊?也是天書哦!是無著菩薩到天上聽來的,他聽了好幾本天書哦!5'30"

下一本是《寶性論》,也是至尊彌勒造的,慈氏五論之一。從中觀宗的角度抉擇心無諦實,闡示了心之上的空性即是如來藏,所以一切眾生皆可成佛。聽著的你別忘了,在這經典裡說:「一切眾生皆可成佛。」包括你我嗎?可以歡喜一下!一聽到至尊慈氏所造,就知道是誰聽來的啊?那個會飛上天的無著菩薩,又聽來了這本天書!然後我們在地上又聽到了天書,很神話吧!6'10"

講次 0043

線上音檔掃描

　　接下來該第八本了——《辨中邊論》，是吧？又是至尊慈氏所造的，它是慈氏五論之一，特別開示了《菩提道次第》中止觀兩種修法。《辨中邊論》是天書之一吧？又是天書。然後還有一本是《辨法法性論》，也是至尊彌勒造的，慈氏五論之一，也是特別開示了菩提道次第中止觀的兩種修法，這兩本都是，對吧！這也是尊敬的無著菩薩聽來的天書。我現在在給你們講天書嗎？天書的名字和大概。以後要聽哦！0'46"

　　注意哦！這都不是很容易的。接著是《中論》。《中論》已經有漢譯了，前面幾本都有漢譯。它是龍樹菩薩所造的，是理聚六論之一，主要是破除諸法諦實成立，以諸多的正理成立一切諸法沒有諦實，清晰地詮釋了中觀見。聽了要生大歡喜心哦，中觀見！1'09"

日常老和尚開示音檔起訖：2A 00:00～04:02
2015年版手抄稿頁/行數：1冊　P35-L1～P37-L1
2016年版手抄稿頁/行數：1冊　P35-L1～P36-LL1

接著是《迴諍論》，也是龍樹菩薩造的，理聚六論之一，主要解釋雖然諸法無諦實，卻不妨礙進行破立。然後《精研論》，也是龍樹菩薩造的，理聚六論之一，主要破除外道承許的成立諦實有的推理十六句義。接著是《七十空性論》，龍樹菩薩造的，理聚六論之一，仔細地解釋成立生、住、滅無諦實合理的正理。接著是《六十正理論》，龍樹菩薩造的，理聚六論之一，配合了小乘的經典，廣泛地講說證空性見是獲得解脫的根本——這個跟《廣論》的宗都是一樣的。1'56"

　　好美哦！現在想想，是不是很想坐在宗大師廣講十七部論的法會之中？你們會心馳神往嗎？不會打瞌睡吧？不要打瞌睡哦！我可是在這兒歡喜洋溢地講哦！2'14"

　　接著是《入中論》，大家都知道是誰寫的吧？月稱菩薩——我們的寺院叫「月稱光明寺」。月稱菩薩從深廣兩種道次第解釋了《中論》的內涵，主要講從菩薩初地直到佛地的諸多功德。聽起來一定是生大歡喜的！然後在六地時廣泛抉擇了《中論》所說的空性，清晰闡示了應成派的中觀見。月稱菩薩是哪一位大德啊？就是在牆壁上畫一頭牛，然後就可以擠出牛奶的那位月稱菩薩。2'55"

　　接下來是《四百論》，聖天菩薩造，它是透過無邊的正理成立諸法無諦實。還是在講空性嘛！然後《入行論》，很多同學會背吧！寂天菩薩造的，主要是解釋菩薩怎麼樣修菩提心、行菩薩行的方法。到此為止是不是有十七部論了？3'18"

　　可以想見哦！宗大師在一天之中要講十五部——因為之前有兩本講完了，又加兩本，變成十七部。哪一部論把它學明白了都是不容易的，能講出來也是不容易的。如果在一天中同時開講，而且格西說他是沒看本的、沒看解釋的，這已經不知道是什麼樣的神話了！而且宗大師在講說的時候，注意哦！他對於一些大論的難點，再以西藏論師寫的廣釋——因為前面都是印度祖師的論著，他以西藏的論師的廣釋作為根據的基礎上，又以其他釋論中破非立是的說法來作抉擇。並且在講說其他諸論的時候，大都根據各自論典的釋本——每一部論都有它的解釋——來詳細地講說所有的論典。4'18"

　　聽聽時間哦！講了多久呢？歷時三個月，十七部論全部講完了！從黎明到黃昏，歷時三個月的講經法會，何等地輝煌和難可值遇！就創造了大概是講說史上的神話，神話！而且在這三個月中間，宗大師白天講法，到傍晚結束後，每天的大威德金剛自入

法，還有生圓二次第的修持，還有他已經承許的誓言等，要修的從未有間斷，沒有因為一天講十七部論、十五部論，把自己的功課就間斷了。他是何等地精進啊！這不是驚為天人的問題了。5'15"

　　所以那時候的一切大眾也就都稱讚，說：「哎呀！宗大師絕對是為殊勝本尊所攝受的，或者他是已經獲得了總持陀羅尼的大菩薩！因為別人很難、幾乎是不可能做成這樣的事情！」想一想：他對每一部論的難點都要旁徵博引地去作抉擇，所以應該可以理解為講得非常地深邃又淵博，聽的人到底是什麼感覺我們只能想像了。那種無礙的辯才，從宗大師的心續間自由地流淌三個月，參加法會的那些人，從黎明到黃昏哦，就這樣一直聽，還包括了好多本天書。6'13"

講次 0044

線上音檔掃描

　　師父在這裡邊講的是講這十五部論，後來因為有兩本講完，又加兩部論，十七部論！師父講的是這樣一個在佛教史上非常非常卓越、輝煌的歷史啊！每一個學經論的弟子，聽到這樣的善知識，能以這樣的力量同時在一天中講說十五部論，其實是不可思議的神話！0'26"

　　因為我們今年學《金鬘論》的時候就發現，在一節課要把其中所謂的定義、界限，跟其他法的差別討論清楚，比如學《金鬘論》的時候，還學到嘉木樣大師的注疏、貢唐大師的箋註，然後還有《明義釋》，很多論師一起同樣對一個問題做討論的時候，你得把其他論師的觀點都聽清楚、記明白，然後在箇中抉擇他們中間細膩的差異。有的時候他們討論心續在一剎那間的差別，對它下的定義準確與否、界限準確與否，就那樣一個非常局部的部

日常老和尚開示音檔起訖：2A 00:00～04:02
2015年版手抄稿頁/行數：1冊　P35-L1～P37-L1
2016年版手抄稿頁/行數：1冊　P35-L1～P36-LL1

分，展開了非常廣泛精闢的討論。1'06"

　　我常常說：「啊！我們現在是坐在一個國際的佛教論壇上！」因為這些論師有很多是印度的、尼泊爾的，還有孟加拉的，還有韓國的，對吧？全部跨越時空的，因為有的不是同時代的。然後聯繫到我們現在講的善知識，還有聽聞的同學們。大家在學五大論的時候，不是會聽到ཁ་ཅིག་ན་རེ——「有的人說」？這裡邊「有的人說」特別多！當碰到「有的人說」的時候，後面一定會跟著一個自宗去評價他是怎樣的。就好像你練習武功，要進一個武功高手的住處，先出現了一個人來跟你練。練著練著你就覺得他可能是我的朋友，但是不對！他的見解是錯的。到最後自宗都會來告訴我們他的見解是錯的，但一開始都分不清楚，後來越練眼睛越利，就可以判斷出：欸，這見解好像不太對！但是哪裡不對？要見招拆招，就要把別人的武功秘笈讀透，你才能夠破他的路數，所以一定要讀熟很多論典。2'14"

　　在《現觀莊嚴論》的學習中，也廣泛地引到《般若經》的部分。所以讀到《般若經》原文的時候，再配合著《現觀莊嚴論》的解釋，你會覺得：哇！《般若經》好像就在眼前一樣！好像進入了佛陀講《般若經》的法會，詳細地在解釋。2'37"

　　我們這邊雖然不是很熱，但是有的時候也很熱，差不多是頂著酷暑。一開始是頂著一點小小的嚴寒，我們就熱火朝天地進入了聞思《現觀莊嚴論》的美麗夏季。那個盛況可能不是我簡單地用幾句話能夠講出來的，有的時候聽著聽著，就覺得自己的心好像飛上天了，簡直太美了！3'05"

　　所以對我們修行者來說，用什麼來滿足我們的心呢？聽聞經典就可以滿滿的感恩，滿滿的滿足感洋溢在自己的心間。下課的時候我去看正學的同學，他們是越學越開心，看那一張張臉，哇，好像剛被水洗過一樣！每個人眼神中是有點疲憊的，但是大家都有一點掩藏不住的興奮感還有激動。因為聽到《般若經》中很多很多我們沒法理解的部分，《現觀莊嚴論》解釋得這麼清楚，真是一個難得的盛會！3'45"

　　那麼師父在《菩提道次第廣論》裡，講了這個論前面的觀點：為什麼我們要開始圓滿地認識這條成佛之路，得到一個想要成佛的願望？就是學習《般若經》它的內義，把諸大論典其中的所詮聽清楚，然後確立自己生命的目標。這應該是師父讓我們去看《應化因緣集》的深意，去回想一下當年的盛況，以及為什麼要去講這樣一件事情，就是希望至少讚歎啊讚歎！「哎呀！要是

能參加這樣的法會……」師父在這裡邊說:「我們單單聽到這個數字,啊!只是讚歎、讚歎,如果我們將來真的有機會能夠參加這樣的大善知識的修行道場,那個時候才了解殊勝,不可思議!」就是如果我們將來深入其中,詳細地聽聞那些精彩的解釋,每一個解釋都是細中又細、精確又精緻完美的理路,是很多很多修行者真正的饗宴、靈魂的饗宴。4'54"

　　希望大家能夠好好地發願,好好地學習五大論!因為法師們已經用藏文學了,慢慢地把它翻譯過來,我們就不用經歷語言關了。所以能夠在這樣的時代,值遇到師父為我們講《廣論》,我們才知道有宗大師教法;因為師父辛辛苦苦地培育了很多沙彌,到現在他們已經長大了、成為譯師,我們有了漢譯本的經典可以讀,這是一件很幸運的事情!不論你在生活中遭遇到一些什麼樣的苦惱,在聽經的時候就都忘了吧!渾然忘我,連我都忘了,何況自己的那些苦惱?5'41"

　　所以這是一件多麼多麼歡喜的事情!要好好地隨喜自己值遇了宗大師教法,值遇了師父這麼親切地用我們完全能理解的說法為我們講《廣論》,句句都講到我們心裡去,跟我們的生命、跟我們很多現實的一切,都產生了共鳴和聯繫,讓我們在遇到困難

的時候能夠想到師父的教誡是什麼、宗大師的教誡是什麼。所以雖然是天書，卻在說明著地上生活的我們的事情。原來天上、人間都可以同學一部論，這是一件多美好的事情！而且還有人把天書取下來給地上的人，這就是神話！我們就正在經歷這個神話。你會覺得你是神話裡的主人公嗎？你會覺得你是神話裡的人嗎？想一想，很開心吧！謝謝！6'38"

講次0045

線上音檔掃描

　　上一節課我們一起學習到宗大師講十七部論，今天我們要往下學習。大家可以先調整一下自己聽聞的動機，要造作一個菩提心的動機——為了利益無窮無盡的有情，我必須證得大覺的佛位；為了證得大覺的佛位，我必須去了解如何是成佛的因；那麼如何了知這個因？一定要聽聞佛法；佛法詳盡地揭示出一個有情從一開始沒有親近善知識，然後慢慢地親近善知識，直到內心中生起第一個道次第，乃至全圓道次第所有的過程。0'58"

　　所以聽聞的時候，要把自己的心從平常一些散亂的所緣中集中起來，就是要全神貫注，要習慣聽到師父的聲音的時候，馬上把心靜下來。當我們的心沒有其他的所緣，專注聽聞的時候，那應該是跟佛法相應的時候，也是我們生命中展現一種純淨、由於聽聞真理而產生愉悅感的時候。所以現在大家開始聽！1'39"

日常老和尚開示音檔起訖：2A 04:02～06:26
2015年版手抄稿頁/行數：1冊　P37-L2～P38-L2
2016年版手抄稿頁/行數：1冊　P37-L1～P38-L2

　　現在看本文，翻到第一頁，第一頁。那個論也主要地分成三部分，分成三部分，第一個叫序分，那麼其次正分，最後結分；相當於我們平常的序分、正宗分、流通分。那麼這個最前面那個，現在我們開始的是序分，那序分當中又分三部分：第一個是「論前歸敬」——歸依跟禮敬；第二個，說明「造論的宗旨」，他為什麼造這個論的；那麼這末了一部分就是「敦勸」，一再地勸我們怎麼樣去聽受，怎麼樣去聽受！2'46"

　　好，這一小段我們就不做更多的討論了，我們再繼續地聽。2'53"

　　現在看那個文。
南無姑如曼殊廓喀耶（梵語）

　　那是藏文，下面第二行就是翻成功我們中文的意思。
敬禮尊重妙音（漢譯）

　　「敬禮」就是我們說皈依啦！一心恭敬地禮拜。實際上這個敬禮是通於三業，而真正呢由於意業而形之於身、

口的，形之於身、口的，這樣。那麼這個「尊重」呢，這個原來的印度，它這個有一個特別的名字叫「姑如」，姑如翻成功我們現在的話叫上師。所以這個上師啊，我們平常說上師好像是密教裡專門名詞，實際上不是，印度凡是對一個老師的尊稱就叫姑如，就叫姑如。那麼這個就是「尊重」，這地方。那麼「妙音」呢，就是文殊師利菩薩，普通大乘論所歸敬的都是文殊師利菩薩，論代表智慧。4'15"

好，下面師父解釋了「南無姑如曼殊廓喀耶」，以及「敬禮尊重妙音」。師父解釋了「敬禮」，說是皈依，然後在這裡師父強調說：「一心恭敬地禮拜。」「敬禮」，它的核心應該就是恭敬、專注，所以在這裡邊師父說：「敬禮是通於三業」，三業就是身、口、意，最重要的是那個「意」，你心裡有了，然後才能夠形之於身、口。4'55"

「敬禮尊重妙音」這「敬禮」兩個字，其實應該是有大學問的。師父在一開始的時候，講了恭敬是要內心中真正的恭敬，不要只是身、口做一個形式。所以如果是內心中真正的恭敬的話，那就要想很多了。比如說：我們恭敬的對象是誰呀？他有什

麼功德？然後為什麼我要恭敬、我要去禮敬？恭敬的內涵到底是什麼？它有沒有層次的遞進？還有一點就是：在我從小到大生命中所有歷程，我有沒有由內心深處發出對父母啊、對我的老師啊，或者對一個什麼人的恭敬之心？內心中有沒有確確實實地體會過「恭敬」二字？當那種恭敬在內心中生起的時候，我們的身就不由自主地彎下去，呈現出由於內心而形之於身、口的寂靜恭敬的樣子吧！有沒有那樣很自然的、不由自主的恭敬？有沒有這樣的經驗？6'15"

因為很顯然，我們去寺院，或者去頂禮善知識、頂禮出家人，我們都有這樣的體驗，到了某一種莊嚴肅穆的場合，我們的三業也隨之變成很恭敬。那麼恭敬這件事，有沒有成為我們生命中好像一個呼之即來、你只要想要恭敬它就能來的狀態？還是有的時候我們拜佛、面對經典，乃至我們面對出家人，好像要它它沒有——沒有那種油然而生的恭敬。如果沒有油然而生的恭敬，那麼這個敬禮有的時候可能就會流於表面，或者變成一種禮儀的形式，而缺乏了真正的內涵。7'01"

所以，師父講了「敬禮」這兩個字，就是一心恭敬地禮拜，他的內心中是有實際內涵的；由於內心中有恭敬的這個續流，然後才會形之於身、口，而不是只做個樣子。7'18"

講次0046

線上音檔掃描

　　師父接著解釋了「尊重」，尊重其實就是「上師」的意思。然後師父特別解釋：提到上師，好像是密教專門的名詞，其實不是的，只是對老師的一個稱呼，叫尊重。「尊重」在《四家合註入門》裡也有解釋，它是上師、尊重和堅穩的意思，堅穩就是很深邃、很莊嚴。在《攝類學》裡也提到「喇嘛」，「喇」就是「上」，因為功德至高無上，所以稱為「喇」；如同慈母一樣悲憫一切有情，所以稱為「嘛」，翻成上師、善知識。0'48"

　　在這個地方，師父特別強調一下不是密教裡才這樣講的，其實它是對上師的一個稱呼。那麼師父為什麼要特別這樣講一下？就是有些人認為好像一研討《廣論》、一學《廣論》就是學密法。其實《廣論》是一部顯教的教典，這裡邊基本沒有提到什麼密法的問題。所以就是學一部論，像《瑜伽師地論》、《入行

日常老和尚開示音檔起訖：2A 04:02～06:26
2015年版手抄稿頁/行數：1冊 P37-L2～P38-L2
2016年版手抄稿頁/行數：1冊 P37-L1～P38-L2

論》、《現觀莊嚴論》很多論一樣。它是從般若海中流出的一部論，並不代表它是密法。要是多多地廣泛地聽聞的話，就不會讓我們由於一個名詞不了解，而去曲解它的內涵、造成很多的誤解和沒必要的一些擔憂。1'38"

接著是「妙音」兩個字，師父說在這裡就是指文殊師利菩薩，普通大乘論所皈敬的都是文殊師利菩薩。我們小的時候，在每一間寺院裡都可以禮敬到觀世音菩薩、文殊菩薩、普賢菩薩。說到文殊菩薩，其實我們並不陌生，像五臺山就是文殊的道場，應該很多人都去過五臺山吧？所以在論前皈敬到文殊菩薩的時候，是否有一種很親切的、很熟悉的感動？因為可能和觀世音菩薩、普賢菩薩、地藏王菩薩……很多菩薩一樣，在我們生生世世的輪轉中，文殊菩薩已經不知道多少生來成為我們的依怙、成為我們的引領、成為我們心中的光明。所以，再次地看到宗大師在論前皈敬「敬禮尊重妙音」的時候，還是心裡滿溫暖的吧！2'46"

「妙音」兩個字，在《四家合註入門》裡解釋：為什麼叫「妙」呢？因為淨除了煩惱的粗暴，所以稱為「妙」。為什麼稱為「音」呢？因為他具足六十韻音語，所以稱為「音」。短短的

「敬禮尊重妙音」，詳細地解釋它的內涵的話，可能要很多很多！但是師父在前邊解釋的時候，就把「敬禮」的一個內涵講了，然後說到「尊重」是上師，「妙音」是文殊菩薩，代表智慧。3'24"

在這裡邊師父只是講一下說代表智慧，但代表智慧是什麼意思？我們為什麼會在輪迴裡流轉不能停息呢？就是由於我們沒有通達無自性的智慧。一旦我們懂得禮敬這樣的智慧的代表——文殊菩薩，懂得去追隨這樣的智慧、懂得去聞思修教典，獲得這樣的智慧，不隨順於以無明為罪魁禍首的整個輪迴世界的苦楚。我們將把愚癡翻為智慧、痛苦翻為涅槃，翻為生生世世饒益眾生的偉大的行為。4'04"

師父在淺淺地交代裡，蘊含了他深刻的悲心，就是希望透過這樣一個簡潔的介紹，讓我們能夠再度地會遇文殊菩薩，以及他偉大、不可思議的翻轉輪迴的智慧、空性的智慧，乃至很多很多。所以在這裡邊呢，如果我們真的「敬禮尊重妙音」，真正地用心下去的話，會感覺到師父透過這幾個字，也是在引領我們走一條路——追隨智慧、追隨文殊菩薩，開啟我們生生世世追隨善知識、追隨著《般若經》，乃至從《般若經》流淌出來的很多

祖師所造的這種極其透徹、精闢的論典，來翻轉我們心中對於種種境界所安立的我愛執、自性執等等，實際上這真是一個光輝的開始！5'07"

雖然說文殊菩薩代表智慧，就是這樣交代一句，實際上師父在引領我們走近文殊菩薩，走近光明和智慧的代表，走進論典、走進經典、走進佛菩薩偉大的心；學會去恭敬禮敬這樣的心、去傾聽這樣的心、去追隨這樣的心、去學習這樣的心。然後就必將結束我們在林林總總的對境之中所產生的種種非理作意呀、觀過啊，或者由於誤解、沒有聽明白等等，所產生的人與人之間的傷害；必將由於聽聞教典，讓我們更清澈地了解什麼是最正確的量，因為它就是智慧！從一個無染的心、從一個無漏的心裡邊顯示出來一個量，我們會去學習校對這樣的量、聽聞這樣的量，並且在心中先是熟悉、記住，然後慢慢去比對自心、調整我們的心。皈敬文殊菩薩、歸向智慧，翻轉由愚癡導致的一切痛苦的因和果。6'21"

其實這一小段，就是師父生生世世引領我們的一種慈悲的心意。他說要一心恭敬地禮拜，就是也希望我們在聽聞的時候，能夠一心地聽聞，然後在理解的時候，能夠專注地理解。追隨著上

師、佛菩薩，生生世世走這樣一條和智慧永遠在一起、和光明永遠在一起，步步都遠離痛苦、步步都朝向歡樂的成佛的康莊大道吧！6'53"

講次 0047

線上音檔掃描

　　大家好！又到了我們研討《廣論》的時間了。最近不知道你們都過得怎麼樣？生命中有很多歡樂、有很多痛苦、不如意的事情，但是無論怎樣，我們已經在這一期的生命中值遇了宗大師的教法、值遇了師父！所有痛苦的根源，不像看起來那樣存在於我心之外的境上的人和事。佛陀告訴我們所有痛苦的根源，在於心續上的無明。當這種無明沒有被破除的時候，我們在哪裡都會覺得不快樂，都會覺得有種種不如意。所以要像自己想像地那樣過快樂無憂的人生，就要終極地摧毀無明，因為無明才是一切痛苦的根本。1'14"

　　所以不像我們感受的那樣——痛苦是存在於我心之外的一個人或者事上，因為那人和事如果變得好一點的話，好像我就會感受得好一點；實際上是我們的心上有這種煩惱的習氣和種子。從

日常老和尚開示音檔起訖：2A 06:26～07:13
2015年版手抄稿頁/行數：1冊 P38-L3～P38-L6
2016年版手抄稿頁/行數：1冊 P38-L3～P38-L6

這樣的一個角度思考的話，正因為我們內心的無明是可以被對治的，所以我們的痛苦也可以由於找到苦因、結束苦因而結束。所以無論在生命中曾經發生怎樣傷心痛楚的事情，都因為我們遇到了大寶佛教而有無限的希望，而此時正是我們會遇這希望的時光。所以很希望大家能夠專注一心，一起跟師父學《廣論》！2'03"

如果準備好了的話，我們就可以聽了，今天應該聽到第二小段。聽的時候大家不要走神，端正自己的意樂，要認真地聽。2'18"

那麼這個「論前歸敬」，這個也是傳統的一種，一個傳統、一個傳承。它的意思有好幾點，最簡單的就是求加被、除障礙，使得造論能夠圓滿。對我們學者來說，使得我們了解我們的歸趣——就是我們的宗致，我們的宗致、我們歸投、我們趣向；也同樣地淨除我們的障礙，達到我們得到究竟圓滿。那麼這個是歸敬的意思。3'08"

好，那麼現在大家可以想一下，師父在這一段，從兩方面講了「敬禮尊重妙音」的意思。師父說：「它的意思有好幾點，

最簡單的就是求加被、除障礙」，就是從造論者來說，「使得造論能夠獲得圓滿」。3'34"

　　可以想見多偉大的上師們，他們依然是遵循著這樣的宗規向佛菩薩祈求。其實這是一個非常美好的習慣，雖然它是一個傳統、一個傳承，但也不像我們想像那樣，好像就只是一個規定。假如它是一個規定的話，在這樣的規定裡有怎樣的內涵呢？內涵是最重要的！內涵就是使造論者和學論的人都能得到利益。從造論者來說，就是他會求加持，祈求能夠去除造論的障礙。那麼對我們學習的人來說，師父說：「使我們了解我們的歸趣」，他用了「我們的歸趣、我們的宗致、我們的歸投、我們的趣向……」這裡邊幾乎全部都在談「宗旨」對吧？我們的生命將趣向哪裡？從造業的角度來說，我們生生世世強烈的那個業會趣向哪裡？我們天天在研討《廣論》之前，一定要一個大乘發心，也是要將我們的這一次聽聞《廣論》造集的業，一直朝向成佛的方向，而不要朝向背離成佛的方向。4'46"

　　所以成辦一件善事也好，或者寫這樣一部偉大的論著、我們學這樣的論著、我們現在來研討《廣論》，其實也會遇到障礙的，有很多障礙。那麼怎麼樣能夠隨時隨地淨除我們的障礙，也

使我們了解我們的歸趣、不忘宗旨？所以，上師們給出的方式
是——**敬禮尊重妙音**！禮敬佛菩薩就可以淨除我們學習的障礙
嗎？就可以讓我們能夠憶念到我們的宗旨嗎？是這樣嗎？當我們
在學《廣論》，遇到各種各樣的障礙的時候，我們有沒有想到要
祈求佛菩薩呢？要禮敬佛菩薩呢？為什麼禮敬佛菩薩可以去除障
礙呢？為什麼禮敬佛菩薩可以得到加持呢？當我們對佛菩薩擁有
信心，有多大的信心就有多大的加持力，完全是觀待於我們的信
心！5'56"

那麼障礙這件事呢，有各種各樣的障礙，最可怕的應該是內
心中生起各種煩惱的障礙。因為生起了各種煩惱的障礙之後，我
們就會造惡業；造惡業之後，就會有更多的苦楚。所以我們能改
變的、能操縱的，也就是自己的心念。遇到看似障礙的境界現前
的時候，如果我們都能改變自心求得佛菩薩加持，來禮敬文殊菩
薩、禮敬所有的佛菩薩，那麼每一次有障礙現起的時候，我們就
禮敬了一次或者多次佛菩薩，所以這也是讓我們靠近佛菩薩一次
一次的機會。6'42"

一旦熟練了這樣的一個方法，當我們感覺到很多事情不順、
想去除障礙的時候，我們就不會在這些人事的是是非非裡邊一直

糾纏，一直想要在這裡邊弄一個究竟。當我們發現無論講什麼、做什麼都於事無補的時候，也不是就走投無路了，因為我們還有一條路——就是禮敬文殊尊、禮敬所有的佛菩薩，這也可以去除障礙！7'08"

當然這樣講一講，如何去體會在我們遇到障礙的時候，我們祈求佛菩薩會去除障礙呢？就是要靠所有的修行者身體力行，真正地能夠記住上師的這個行誼和他的教誨。因為師父在這裡邊說的是我們學習要不忘宗旨，然後要去除障礙，師父通篇都這樣講。在看師父的行誼的時候，大大小小的事情，比如說那個時候園區買地呀，還有像我們司空見慣的一些，比如說哪個有機的產品突然豐收了，豐收了之後短時間賣不出去怎麼辦？我看到師父，都是運用向佛菩薩祈求的方式。8'01"

這樣一位高僧他擁有洞悉很多很多事物的智慧，好像很多事情發生了，他都可以看到這個事情的本質。但是，即便我們看到的，已經不知道是怎樣行境的一位修行者、一位佛菩薩，他依然是去祈求佛菩薩！你說這是一種傳統、一種宗規嗎？是一種傳承！傳承的是什麼呢？當有大大小小的事情發生的時候，我們要去祈求佛菩薩，希望能夠得到佛菩薩的加被，去除我們的障礙。

這樣的話，我們的善願就能夠圓滿，我們利他的心願，也透過一次一次地向佛菩薩的祈求和學習，調伏我們的內心包括我慢等等各種煩惱，更加趣向智慧。9'04"

所以，這應該是一個很美妙的傳規吧！當我們在念到《廣論》這句「敬禮尊重妙音」的時候，內心裡是否能夠進入到禮敬上師文殊的這樣一種續流中呢？9'26"

講次 0048

線上音檔掃描

好，那我們現在開始聽下一段。

> 　　那麼裡面歸敬的內容呢？第一個是說明這個「論」，造論，那麼造論的時候為什麼是歸敬文殊師利菩薩呢？我們曉得，我們的三藏分成功經、律、論，那麼論特別是講智慧的，能夠所謂深辨名相，了解了以後，然後能夠啟發智慧。而這個在佛法裡面，是由大智文殊師利菩薩作為代表的，這樣。那麼是可以不一定歸敬這個文殊師利菩薩，可以看它的特質而來這個歸敬，第一個。那麼下面就是三寶順著次序來，第一個：1'08"

　　大家剛才有認真聽吧？好，那麼現在我提一個問題：師父在這一小段裡，第一個是說明為什麼皈敬文殊師利菩薩呢？大家有

日常老和尚開示音檔起訖：2A 07:13～08:16
2015年版手抄稿頁/行數：1冊 P38-L7～P38-L11
2016年版手抄稿頁/行數：1冊 P38-L7～P38-L12

沒有聽到那個原因啊？師父說三藏分經、律、論，對吧？那麼
《菩提道次第廣論》屬於經、律、論的論部。當時應該是譯師們
的一個傳規，為了區分經、律、論，所以說就要在譯經的時候皈
敬什麼、論的時候皈敬什麼、律的時候皈敬什麼。經主要都講佛
菩薩的功德，所以皈敬一切諸佛菩薩；那麼律是皈敬一切智智，
因為只有佛才能制戒，十地菩薩是不能制戒的，唯有佛能夠制
戒；那麼論就是禮敬文殊菩薩。2'12"

　　所以在這裡邊，師父就說論是特別講智慧的，講到一個「深
辨名相」，深辨名相。那麼「深辨」字面的意思，應該就是深刻
詳盡地辨析。當然提到名相的時候，大家都知道學《攝類學》，
名相啊、性相啊、界限、差別等等，這些內容要深刻詳盡地辨
析，讓自己明了。2'42"

　　所以對這個「論」字，到底什麼叫「論」？嘉木樣大師他在
《現觀辨析》裡說：具足了修治──修整、調治──與救護兩種
功德的清淨能詮，是論的定義。世親菩薩在《解釋正理論》中也
說過：「修治一切煩惱仇敵。」請問煩惱仇敵會怎樣呢？令我
們徹底地不快樂。因為有苦因、有苦果，所以一定要修治這苦因
和苦果，內心的煩惱才是我們真正的仇敵。那麼論的作用就是修

治這個仇敵。3'28"

接著世親菩薩還說：「從惡趣諸有中救護。」我們現在是在人天善道中的人道，是很安樂的。那麼從生生相續的一個心續的續流這個角度來看，我們的心續裡有沒有惡趣的因呢？過去生中有沒有惡趣的因還沒有成熟為果的在這個心續裡？3'50"

惡趣有多恐怖呢？學到「三惡趣苦」的時候，如果詳細地去思考、觀察一下，是很驚悚、很驚悚的！所以才需要被救護。如果惡趣不是那麼驚悚、痛苦那麼強烈、時間那麼長，也不需要救護了，因為還有很多安樂嘛！所以這個論它就有一個作用，就是把我們從惡趣、諸有中救護。4'25"

「由於具足了修治與救護的功德，所以是論。」具足了修治與救護的功德，救護哦！可以想見在煩惱的輪迴大海中，論典有救護的功能，好像一艘救我們的大船一樣。所以這個論的定義，其他宗派比如說外道，他們是沒有這樣的兩種功德的：修治與救護。為什麼說沒有呢？最根本的一點：你我生命中最慘痛的痛苦是什麼呢？一定是生死啊！無量劫的生死，我們與親人別離的眼淚，可能四大海都裝不下了。由於輪迴，每一期死亡所拋下的屍

骨，如果都沒消失的話，不知道可以堆滿多少個世界。這麼長、這麼長的生死，如果沒有去解決它的話，在未來還將無窮次地經歷，這就是輪迴中最最深重的痛苦。那麼對於生死這件事情，到底要怎麼解決它？有什麼醫生可以治療死病？佛陀就是治療死病的大醫王，把我們從一切三有中救護。6'00"

這個論典，因為它詳盡地闡述——師父說「深辨名相」。像《現觀莊嚴論》，它就把《般若經》中的很多名相、性相等等，做一些深刻的辨析。讓我們了解如何是解脫道、如何是菩薩道、如何是大乘、大乘和小乘的差別等等。很多我們過去可能沒有花時間了解，但在將來一定會去修行的一些定義的界限，在論典裡會廣泛深刻地討論。這個對於我們的身心能夠達到一種修治和救護的功德，所以我們才學習論吧！所以才花時間，要在生命裡很認真地投注這樣一個學習的業力，很認真地發心來學習調伏自己這樣一顆心。7'04"

師父下面說：「了解了之後，可以啟發智慧」，在佛法裡代表智慧的是文殊菩薩。比如說《攝類學》，《攝類學》皈敬哪一位本尊還記得嗎？皈敬上師怙主文殊！7'21"

講次 0049

線上音檔掃描

　　那在「敬禮尊重妙音」前面，有一個「南無姑如曼殊廓喀耶」，它翻過來就是「敬禮尊重妙音」。在仁波切的《四家合註入門》裡邊，第五十一頁有講到：「廓喀耶」的「耶」是什麼？就是「❀所為格」的意思，所為格是藏文語法的一種用法。這裡要表達什麼所為呢？說：「我們禮敬的目的，就是為了止息自己心中的一切煩惱，領納上師及殊勝天尊的加持，以及能夠易於究竟通達論義，由於這些目的，所以禮敬勝天尊。」0'49"

　　在這裡又再次提到了「禮敬的目的」，就是師父說：「我們的歸趣」，這講的是一樣的。說：「就是為了止息自己心中的一切煩惱」，如果煩惱是一場風暴、一場沙塵暴的話，那麼就提到了「止息」，為了止息它。為了這個目的，「領納上師及殊勝天尊的加持」。還有為了「能夠易於」，「易於」是什麼意思呢？

日常老和尚開示音檔起訖：2A 07:13～08:16
2015年版手抄稿頁/行數：1冊 P38-L7～P38-L11
2016年版手抄稿頁/行數：1冊 P38-L7～P38-L12
四家合註入門頁/行數：1冊 P51-L3～P51-L12

就是容易；容易地「究竟通達論義」，就是從學者的角度究竟地通達論義。注意哦！這裡邊最吸引我們的應該是那個容易的「易」字，因為費了九牛二虎之力，結果還是很難了解我們所學經典的意思，如果得到了上師本尊的加持，能夠容易地、究竟地通達論義的話，那應該是非常非常美好的一件事情。所以非常非常希望我們透過內心對佛菩薩虔誠地祈求，能夠達到這樣的一個目的。2'07"

　　然後在《四家合註入門》這裡邊，也是五十一頁，你們現在都有書了吧！可以拿來看一看。仁波切講到：「這裡有一處巴梭法王的箋註。」然後說：「『❶此為頂禮殊勝天或根本上師怙主妙音』，就是頂禮殊勝天尊根本上師文殊怙主。」然後說：「巴梭法王的箋還沒有結束。「❷如至尊云：『由師恩德得見時。』」這是宗大師的話。話中所指的上師是誰呢？就是文殊怙主。我們讀過《廣傳》，都知道宗大師常常祈求文殊菩薩。「由於文殊怙主的恩德，使我見到一切法的內涵」──這是宗大師在《緣起讚》裡寫的──所以接下來才說：「❸故向功德尊勝之上師及妙音致敬。」3'09"

　　「由於文殊怙主的恩德，使我見到一切法的內涵」，見到一

切法的內涵，就不會再顛倒地執取兩種分別的執著，讓一切還歸到真理本身，而不再有種種染雜。這個時候喧囂得像我們所害怕的輪迴的沙塵暴等等，就真的會止息下來了。止息了什麼呢？止息了苦因和苦果的無窮次的輪轉。那麼讓我們內心從種種痛苦的繫縛中、從種種痛苦的追逐中能夠解脫出來、能夠停頓下來的，那個最重要的因素、那個最重要的人，就是上師！因為這樣的緣故，他是「功德尊勝」——這是上師的意思——因為這樣的緣故，讓我見到了一切法的內涵，所以才向功德尊勝的上師文殊，就是妙音來致敬。4'23"

所以，我們在這一小段可以看到傳承，就是講論的善知識們、寫論的佛菩薩們，都是依照著這樣的傳承禮敬佛菩薩。那麼對我們學的人來說，是不是也要依著這樣的傳承會比較吉祥呢？那一定是的！所以在研討之前呢，也希望大家能有一個殷重的祈求。4'54"

比如說現在學《攝類學》了，大家都知道《攝類學》不是很好學，當初我們滿懷熱情地開始學，學了之後發現不是很懂。那麼法師們，尤其是我們寺院第一班的法師們，應該說他們已經跨越了這一關吧！他們也是從「是顏色都是紅色嗎」開始，就辯這

樣的題，後來慢慢辯到可以讓你承認「是顏色都是紅色」。那麼
怎樣在辯論場上被對手逼到走投無路的時候，還能突然產生閃電
般的跳躍的思路呢？其實都離不開向善知識、向佛菩薩祈求。
5'42"

　　所以對於我們一心追求智慧的修行者來說，祈求是一個非常
重要的功課，或者說是一個非常必要的習慣，我們必須常常習慣
向佛菩薩祈求、向善知識祈求。祈求的時候，可以讓我們暫時捨
棄對一些事相上的成敗和眼前利益的過分錙銖必較，讓我們的心
突然開始融入到一種非常深邃的、廣闊的生命視野之中，可以看
到非常遼遠的目標。6'20"

　　我們此時所做的事情，當然都希望它能夠在事相上也成功，
但是萬一在事相上沒成功的時候，我們是不能輸掉內心的。怎樣
才能不輸掉內心呢？就是無論何種境界現前，必須保證我們內心
去造集善業，就像寂天菩薩說的：「佛子雖逢難，善增罪不
生。」那麼在一切惡趣、諸有和煩惱中，能夠救護我們的論典
的這個功德，也是透過善知識的宣說，使我們能夠了解這樣的功
德，能夠去成就這樣的功德。所以如果能夠養成常常向佛菩薩祈
求的這樣一個習慣，我覺得是非常美好的。如果你已經養成了，

那就繼續增廣它吧！如果你還沒有養成習慣，就從現在開始訓練自己吧！因為這是一個非常非常善妙的習氣，非常值得我們花時間、花心力去養成這個習慣。7'31"

所以我們知道祈求對我們生命是何等重要，也是透過學習論典、透過善知識講，才能夠了解到的；一切的美好，都源於我們有善知識的攝受和慈悲的引領。學到此處，會不會覺得：雖然生死輪迴的痛苦是很強烈的，但是佛菩薩、善知識的心——利益我們的心，可能強過它百千萬倍；一旦我們透過千百次的修鍊、無窮次的修鍊，淬煉自己的信心，堅定地在內心中去皈依、去禮敬佛菩薩的話，我們的生命肯定會一天比一天變得更美好的。為什麼？因為所有的問題都出在內心啊，改變內心就可以了。所以這是一個非常快捷的方法，就是祈求佛菩薩！8'39"

講次0050

　　大家好！又到了我們一起學習《廣論》的時間，還是非常珍惜這樣的時刻！0'10"

　　提到修行，首先我們為什麼要修行呢？是什麼理由推動著我們一定要修行呢？那麼如何修行？在修行過程中的對和錯、結果、驗證等等，這些都要聽聞教典，在理論上先了解，然後再付諸實踐。所以師父常常強調修行真的要從聽聞佛法開始，也就是按照這樣一個聞思修的次第開始。正確的應該是聽聞了之後，進一步了解了，把所了解的接著去驗證，這才是我們聽聞的目的。可是一旦搞錯了的話，就會聽了很多非常高的標準，在心裡眼界特別高，拿這樣的標準去看待別人，或者看待世上的事情，就是我們平常講的法鏡外照。這樣的話，就會造成由於了解了更多之後，產生跟境界不相容，會產生痛苦。所以修行最重要的是「向

日常老和尚開示音檔起訖：2A 08:16～09:57
2015年版手抄稿頁/行數：1冊 P38-LL2～P39-L8
2016年版手抄稿頁/行數：1冊 P38-LL2～P39-L9

內調伏」——把聽聞來的道理、見解拿來比對自心、向內調伏。那麼對待他人，要用一個非常恭敬的、寬容的心態，去面對人生的種種。如果這樣的話，我們就不會扭曲了聽聞的目標，在聽聞之後能夠如法而行，我們的生命才能離苦得樂。所以希望這一點，我們要常常在內心中反覆地策勵自己。2'08"

好！接著我們就要開始學《廣論》了，我們要端正自己的動機，珍惜這樣一個學法的因緣。為了成就無上正等菩提，我們必須要去了解成就無上菩提的因；要想了解這個因，就要聽法。聽法的時候，要再再地造作一個大乘發心——為了無窮無盡的有情能從痛苦的輪迴裡透脫出來，我們必須去成就正等覺位。為了那樣美好的一天，所以我們現在做很多的努力。在聽聞的時候，要注意不要散亂、不要昏沉，要注意如理作意！2'57"

上次我們講到「南無姑如曼殊廓喀耶，敬禮尊重妙音」，今天就進入敬禮釋迦佛的第一個偈子——「俱胝圓滿妙善所生身，成滿無邊眾生希願語，如實觀見無餘所知意，於是釋迦尊主稽首禮。」我們現在就聽師父的帶子：3'28"

　　俱胝圓滿妙善所生身，成滿無邊眾生希願語，如實觀見無餘所知意，於是釋迦尊主稽首禮。

　　這是我們本師釋迦牟尼佛。他分成功三部分──身、語、意，總括起來就是這個。那麼實際上，他這樣地分有他非常特殊的意義的，非常特殊的意義的！關於這個部分的意義，等到後面講皈依的時候再說。為什麼要擺在後頭講呢？當我們了解這個皈依的意義以後，然後去皈依的話，我們就可以馬上得到殊勝的好處，這樣。所以在這裡對於這個造者、造論的來說，他為了祈求加被、淨除一切障礙，使得造論圓滿，所以他那個頭上面有這樣的圓滿的皈依。那麼對我們學的人來說的話，一方面我們了解這個造論者的意義；同時我們也希望啊，我們學的人得到的內容。所以假定說我們能夠了解了這皈依的意義而去皈依的話，當下就會得到殊勝的好處。所以這一部分真實的內容，留待後頭講。5'12"

　　通常「俱胝圓滿妙善所生身，成滿無邊眾生希願語……」這個偈子，讀完了之後就開始解釋了，可是師父的第一句話是說：「這是我們本師釋迦牟尼佛。」其實我聽到這句話的時候是

非常驚訝的！因為好像師父帶我們走進一個聖殿，帶我們去見佛，然後就說：「啊！這是我們本師釋迦牟尼佛。」這幾個字，我認為是非常非常令人驚訝的！5'47"

如果像這個偈子中所闡述的那樣，那我們就要仔細看清楚：「這是我們釋迦牟尼佛」，「這是」的這個「這」，到底是什麼呢？師父解釋說分成身、語、意三部分，師父還講一下這樣分是有特殊的意義的。假如說我們要給別人介紹一個人，或者讚美一個人，其實很少會這樣分的，但是經典裡讚美佛菩薩是分身、語、意的，可以想見當初修行的時候，也是別別成熟為這樣的功德。6'29"

然後師父講到：「關於這部分的意義，等到後面講皈依的時候再說。」當初我讀到這裡的時候，就很想要知道：「哇！在這一節講了就好了，不然還要等很久，等到皈依的部分。」當我這樣想了之後，馬上師父就回答說：「為什麼要擺在後頭講呢？」我不知道你們聽師父的帶子有沒有這樣的體會，就是聽、聽、聽，心裡會現出一個疑問，現出來之後，師父下一句話馬上就回答這個疑問？那種感覺好像你的心聲完整地被師父聽到，而且幾乎是有問必答。所以「為什麼擺在後面講呢？」這就是我當初聽

帶子的疑問。然後師父說：「當我們了解這個皈依的意義之後，再去皈依的話，我們就可以馬上得到殊勝的好處。」師父用了「馬上」，時間是非常快的！但一定是了解了皈依的意義再去皈依，可能篇幅要很大，因為這是一個〈皈敬頌〉，可能要挪到皈依的部分再仔細地去講。7'31"

然後師父就說：「對於造者、造論的人來說，是為了祈求加被，淨除一切障礙，使得造論圓滿。」當我們要做一件事，想要它順利的話，我們通常會採取什麼樣的方式呢？就是打點一些人啊，或者去做一些什麼。但是對於造論者來說，都是祈求佛陀加被，淨除一切障礙。成辦順緣的方便是這樣的，所以師父說：「圓滿的皈依。」8'03"

那麼對我們學的人來說，還是要一邊了解造論的意義，同時也希望了解皈依的意義而去皈依，這是師父的心願啊！又說了一句：「如果了解的話，當下就會得到殊勝的好處。」在第一段的時候，師父非常非常地期待我們要詳細地去了解釋迦佛還有所有佛陀的功德，了解了之後再去皈依的話，會得到不可思議的好處。所以在這裡，我們就會有滿滿的期待：要學到皈依，要把《廣論》向後學，要了解佛陀到底有什麼樣的功德，而且我們到

底可以怎樣地「馬上」和「當下」得到殊勝的好處。注意！得到殊勝好處的是誰呢？就是了解了皈依的意義再去皈依的那個人，他會得到殊勝的好處，而且是馬上、當下就得到！9'01"

所以一開始師父在解釋這一句偈子的時候，完全是從「我們」這樣去了解佛陀的功德之後，「我們」會得到什麼樣的利益，從這樣的角度勸發我們去學習了解佛陀的功德。了解了，產生真實的皈依心之後，多快可以讓我們的身心得到饒益。非常地親切，而且這樣的介紹應該內心沒有什麼牴觸。有的人會覺得：啊！信佛了，會不會是信一個什麼好像可以安排我們命運的那種。它這不是！是說：看你會得到什麼樣的好處，然後你自己從內心裡會真實地看到它的利益。9'44"

我覺得這一段的介紹非常地精美和別緻，為什麼呢？因為走向佛陀就是成滿自己殊勝好處的這樣一條路，是對自己好的。並不是說你一定要去多崇拜佛陀，而是怎麼樣能夠自己得到好處。所以這也是再再地彰顯了佛法對身心真實的饒益。因為師父講《廣論》的時候，處處都從這樣的地方，讓我們真實地意識到、讓我們真實地感受到，如果我們好好地了解佛陀的功德再去皈依的話，佛法對我們的身心的饒益，俯仰皆是！10'25"

　　這一段很值得再再地閱讀、再再地去琢磨。而且在講到〈皈敬頌〉的時候,師父就講到了皈依,會讓學的人很嚮往學習後面的部分。所以一個非常非常善巧的老師、善知識,他會一直讓你期待著後面還有多少美好,因為這條路就是離苦得樂、從樂走向樂的一條路。所以講一個部分就埋下一個伏筆,讓我們期待:「啊!後面還有什麼?後面還有什麼?」有很多很多驚喜的發現在我們的未來等待!11'09"

講次0051

好，那我們再聽一下第二段。

　　那麼這裡簡單地說一下，我們釋迦世尊的身跟我們的身有一個不一樣，這是所以我們為什麼要皈依他的。否則的話，我們每個人說：「我，我好好的，我為什麼要皈依他？」欸！我這個身體是有漏的，是痛苦之本，那麼佛陀不是。他為什麼他不是，我是呢？我是無始以來造了種種的染污之業，佛陀恰恰相反，無量無邊劫以來造種種的善淨之業，已經達到圓滿的程度。所以以這一種善法——善法是通於世、出世間，有漏、無漏的，現在他是無漏的，所以說「妙善」——以這樣的業、善淨之業，所感得的圓滿的這個身體，所以這個才是我們真正的要皈敬的。我們皈敬也可以得到了相應的好處，最後我們也可以達到佛這個程度，這就是我們最後的目標。1'22"

日常老和尚開示音檔起訖：2A 09:57～11:11
2015年版手抄稿頁/行數：1冊　P39-L9～P40-L1
2016年版手抄稿頁/行數：1冊　P39-L10～P40-L1

　　這一段有認真聽吧？注意哦！師父說：「簡單地說一下，我們釋迦世尊的身跟我們的身有不一樣的，這是我們為什麼要皈依他的理由。」接著出現了一個心態：「我好好的，為什麼要皈依他？」注意！「我好好的，為什麼要皈依他？」這是一種現狀，因為比如說在現實的層面——我們有房子住；雖然身體有的時候會有病，還算可以過；還有很多可以遊樂的呀……有很多很多好像可以快樂的事情。這個「好好的」，就是沒什麼事情，好像沒有什麼危險，沒有什麼不愉快的感覺，它是不需要再去強烈地改變生命、在現在的狀態中滿足的一個狀態，對不對？提出了這樣的一種——注意——現狀和心態，是不需要佛法的，是不需要佛陀來幫忙自己的，為什麼？因為自己好好的。2'42"

　　那麼這個「好好的」是指什麼好好的呢？有可能是身體，所以師父接著一句話就是：「我這個身體是有漏的」，出現了一個「漏」。那麼在最初學佛法的時候，我們會對這個「漏」非常地陌生——是有漏的，什麼叫漏？漏就是痛苦之本！接著師父說：「佛陀不是」，為什麼他不是呢，而我是有漏的呢？因為「我無始劫來造了種種染污之業」，又提了一個名詞叫「業」，而且業前面有「染污」兩個字。接著又對比佛陀說：「恰恰相反，無量無邊劫以來造種種的善淨之業，已經達到圓滿的程度。」佛陀是

無漏的。3'35"

　　在這裡注意哦！出現了「有漏的」，還有出現了一個非常令人驚愕的時間詞，就是「無量無邊劫以來」。我們會發現在這一小段，出現了我們並不熟悉的佛法概念，比如說關於這個「漏」，到底什麼是「有漏」？《俱舍論》說：從所緣及相應其中的一種層面增長漏的法，就是有漏；反之就是無漏。還有《集論》說：與六種漏其中的一者相應的話，就是有漏；反之就是無漏。那麼「六種漏」是什麼？漏的體性、與漏相係屬、漏所係屬、與漏隨係屬、隨順漏，還有漏因所生的東西。這些都是「有漏」。在《現觀》第四品也提到分別心是有漏，現量是無漏。如果師父在這個時候，像我剛才一樣講了《俱舍》、《集論》還有《現觀》，我們聽了之後：「欸！『漏』到底是什麼？」還是搞不清楚。所以師父沒有這樣講，師父就直接說：有漏的身體是痛苦之本，這是不是把「有漏的身體」的屬性講得非常地到位和透徹？4'56"

　　那說：「我的身體是痛苦之本嗎？」身體會病嗎？會！寒熱一觸及，它會痛苦、會不舒服；最可怕的，身體會死亡！那你說：與生俱來的這些東西痛苦嗎？不想的時候是不痛苦的，覺得

很安樂，尤其是年輕、健康、精力充沛，是感覺不到痛苦的潛伏性和威脅性的。但是師父就直接說：「這個身體是有漏的，是痛苦之本！」因為那些痛苦只不過是沒有那麼強烈地顯現罷了。5'33"

　　然後師父用對比的方式，說：「佛陀不是。」佛陀的身體完全沒有任何的痛苦，為什麼呢？因為他沒有造就種種染污之業。而在這個有漏和無漏的對比中，師父揭示出一個概念，是什麼呢？「無量無邊劫以來」。注意！這個「無量無邊劫以來」，我們小的時候聽故事，都說：「哎呀！在很久很久以前⋯⋯」這麼不可稱數的時間，佛陀在做什麼呢？「造種種善淨之業」，就是他的心念、他的身體、他的思想、他的言語，都是在造集非常非常純淨的善業，已經到達了圓滿的程度，所以他是無漏的——就是沒有苦因在裡邊的；而我們的身是有苦因在裡邊、是痛苦的本，它會出生很多痛苦的，所以叫「有漏」。6'36"

　　在談到讚美佛身的時候，雖然師父說皈依放在後面講，但師父把「漏」、「業」、「無量無邊」這樣的一個時間和生命是生生相繫的這樣的一個屬性，在這一段裡非常猛烈地就推到我們面前了。其實這些概念是會砸到自己，我覺得好像被砸到一樣，會

很驚愕的！開始會有點驚訝：「這都是什麼？」這是現實、我們面對的現實！但另一種更完美的就是佛陀，他達到的理想。所以理想和現實對比起來，才知道現實是不圓滿的、是有缺陷的、是有待改善的、是痛苦的，因為有更快樂的存在。這樣的話，我們就不能說：「我好好的，為什麼要皈依？」因為有漏啊、有痛苦的本哪！所以必須得皈依；不皈依，這些痛苦的本是去不掉的。所以用非常非常有力的理路，回覆了那個心裡耽著於現狀、不去想未來、很短視的一種價值觀吧！我這樣說是要向內觀察的，不是在說別人。**7'45"**

所以我會覺得，這樣一個精闢的闡述，又非常親切地用我們能夠聽懂的語言，再再地告訴我們：我們現在的身體到底有怎樣的問題、它是痛苦之本，因為這個我們才會去禮敬、去了解佛陀的身體有什麼樣的功德。從漏、業和無量無邊的時間來對比：我們無量無邊劫為什麼都這麼痛苦？因為無量無邊劫都造集染污之業，而佛陀無量無邊劫都造集善淨之業。這樣的對比就像白晝與黑夜一樣，它的差別性是極度明顯，方向是極度兩端的。**8'25"**

所以在這樣的衝擊下，我們就會思考，就會推動我們那個不能思考的、安住眼前的現狀、覺得很滿足那種狀態開始睜大眼

睛、開始思考:「這是什麼?這是什麼?」我們必須去思考、去觀察:是真的嗎?是這樣嗎?是痛苦之本嗎?為什麼會有無量無邊劫都造集善業這樣一個偉大的佛陀的心續存在?而我為什麼是這樣子?所以在師父的這種引導下,我們向內心觀察的時候,我們會發現這是能動心意、是會觸動內心的一種開示。9'14"

講次 0052

線上音檔掃描

　　現在我們可以接著往下聽吧？大家要準備好自己的狀態，就是要比平常的狀態專注，而且要深刻地思惟。好！0'23"

　　從一開始的時候，在開頭第一步就提出來：我為什麼要學這個論？不是在這裡了解一點意思，只是使得我們口頭談話的時候覺得：欸，好像有什麼好講。不是！讓我們有這個認識，了解了照著去做，使得我們也能夠從充滿種種痛苦的染污之身，最後得到這樣圓滿的佛陀的這個身體，所以它簡單的意思就是這樣。那麼同樣地，我們開起口來是啊，大家不是戲論嘛就是諍論，就這樣；高興的時候就是戲論，不高興的時候就是諍論，實在沒有太多意思！佛陀呢？欸！他能夠成就圓滿——滿足地成就一切眾生，說「無邊」哪，這個是說包含了一切眾生。眾生什

日常老和尚開示音檔起訖：2A 11:11～12:41
2015年版手抄稿頁/行數：1冊 P40-L2～P40-L9
2016年版手抄稿頁/行數：1冊 P40-L2～P40-L10

麼？「希願」，希願！他們這個願望，最難能可貴、稀罕的他們的願望之處，這個就是佛陀的話。1'55"

　　接下來師父應該是要帶我們學習讚美佛陀的「**成滿無邊眾生希願語**」的語功德。但是師父說：「從一開始的時候，在開頭第一步提出來：為什麼要學這個論？」師父卻從佛陀的語功德跳到這裡了。有的同學就會想：「哎！不是要介紹佛陀的語功德嗎？師父怎麼會講說為什麼我們要學這部論呢？」師父說：不是了解了一點意思，然後談話的時候滔滔不絕要給人家去講，或者在很多人中覺得自己知識淵博去演說，不是為了這個目標學論的。為了什麼呢？師父再再地提醒我們，不是那樣的！「讓我們有這個認識之後，了解了」，注意！「了解了」之後那幾個字是什麼？有沒有看手抄？一起回答：「照著去做。」照著了解的去做，非常清晰！2'59"

　　那麼照著了解的去做會達到什麼呢？「使得我們也能夠從充滿種種痛苦的染污之身」，這裡邊有幾個字喔！「也能夠」，為什麼加個「也」字呢？因為佛陀成功了，我們也能夠嗎？有人成了，我們才加個「也」。然後「從充滿種種痛苦的染污之身」，不是一種痛苦的染污之身，「最後得到這樣圓滿的佛陀這個身

體」。又再再地揭示出其實所有的眾生都可以成佛的。因為什麼？我們學了論，我們了解了這樣的道理，然後我們要照著去做，照著去做之後慢慢地改善，就可以成就佛陀這樣的圓滿妙善之身。3'45"

我們通常聽了說：「真的嗎？我也可以嗎？像我這樣的，也可以成就那樣像天空一樣、像大海一樣、像浩渺的宇宙一般的功德嗎？」就是聽聞，然後照著去做，它的起步是非常紮實的，讓你能夠知道怎麼做。在這裡邊師父再再地鼓勵我們，實際上我們是可以成佛的！4'17"

接著就開始講到我們的現狀——「我們開起口來，不是戲論就是諍論。」所謂的戲論就是沒有什麼意義的，大家說說笑笑，在當下的時候聽得是滿開心的，都在笑，但是會有什麼意義呢？會對我們的身心產生什麼樣的饒益呢？因為這樣講過了之後，我們的生命會出生很多善嗎？出生很多前所未有的功德嗎？乃至我們會去除他有情的痛苦嗎？有人說：「可以啊！因為我講一個這樣的事情，他會開心。」開心之後，他的苦因沒有去掉，然後時光就這樣過去了。苦因沒有去掉，會出生苦果的，所以戲論對我們的生命是一種浪費、是一種需要改變的習慣。5'08"

　　師父接著說：「高興的時候就戲論，不高興的時候就開始諍論。」諍論什麼？生氣了！「為什麼你觀點是這樣的？你為什麼不贊同我的觀點？為什麼你不了解我呢？為什麼你不隨順我這麼正確的、非常犀利、深刻的對很多事情的觀察呢？」我們常常用這樣的一個觀點去諍論嘛，因為如果覺得對方有道理的話，其實我們會學習；我們通常都以為對方沒有道理，我是最有道理的，所以會產生諍論。5'39"

　　注意哦！看手抄，師父說什麼？無論是戲論還是諍論，師父說：「實在沒有太多意思！」實在沒有太多意思這句話是什麼意思？就是丟棄的意思，對不對？這很沒意思，沒意思就丟掉！就是食之無味，味同嚼蠟，沒有意思！6'06"

講次 0053

　　師父說：「實在沒有太多意思！」從這句話我們可以反觀一下，不知道你們在家裡喔，在一些事情上會不會諍論不休？然後如果不諍論出一個結論來，地老天荒不會停，這樣一直諍論。為什麼要一直諍論呢？因為我們認為道理是這樣的。可是師父說：「實在沒有太多意思！」我們會覺得：「不行啊！事情要分出個對錯呀！」為什麼師父會認為沒有什麼意思呢？沒有多大意思呢？我們會認為這件事非常非常重要，一定要爭出個是非對錯、青紅皂白，絕對不可以這樣蒙混過關，一定要把它諍論出來！0'46"

　　當我們碰到這樣一個跟我們吵個不休的對手的時候，實際上你會覺得：哎呀！有點擔心，或者有點恐怖吧？因為只要跟他討論起問題來就沒完了。注意哦！聽到這裡不是說：「啊！我知道

日常老和尚開示音檔起訖：2A 11:11～12:41
2015年版手抄稿頁/行數：1冊　P40-L2～P40-L9
2016年版手抄稿頁/行數：1冊　P40-L2～P40-L10

某某某就是這樣，他一諍論起來就沒完沒了！」千萬不要這樣聽！你要想：「我自己什麼時候跟人家諍論起來沒完？」碰到自己特別執著的事情，你花了很多心血、花了很多研究，甚至你有充分經驗的事情，就馬上站出來說，而且可以非常有底氣地諍論。1'24"

但諍論的目標到底是什麼呢？真的是為了淨化自己的煩惱嗎？是為了饒益他人嗎？是出於這些良善的動機嗎？還是就是執著我的是對的，我的經驗、我的看法，還有我的見解絕對是對的？依據呢？依據是什麼？依據是向內調伏嗎？依據是調伏內心的這種瞋火，讓自己清涼嗎？到那時候是這樣的依據嗎？只是想要對方臣服，讓他知錯。知錯之後，對他生命會有什麼饒益呢？你說我們所求的到底是什麼？就算你對了、大家都承認你對了，你這個對了的東西，能靠它出離生死嗎？能靠它去除自己生命的苦因嗎？2'12"

所以從這樣的角度，記住師父說的這幾個字：「實在沒有太多意思！」當我們陷入那種白熱化地跟別人的諍論的時候，尤其在家裡，比如說跟小孩呀、跟家人的諍論……其實有的時候一些諍論，可以說是雞毛蒜皮的小事嗎？可是對這些小事我們在不在

乎？很在乎！諍論得是熱火朝天的，但是要想起師父說的話，就是──實在沒有太多意思！2'46"

　　但那個時候會不會現起師父的這句話呢？如果自己在進入那種諍論狀態的時候，現起師父說：「實在沒有太多意思！」會不會諍論的勢頭就會降低呢？一旦諍論的勢頭降低的話，我們就會認真地傾聽對方的觀點是什麼，可能會說：「欸？他說的也有道理。」這樣的話，我們就不會那麼火大、一直要對方承認錯誤或者怎樣，我們就會有一個空間，注意！一個空間去聆聽、去站在對方的觀點上考慮一下，不要一直維護自己的觀點，陷溺於自己的眼界和經驗之中。然後放下自己，去看看別人也許有什麼東西可以學的，這樣是不是就不會諍論了。因為什麼？師父認為沒有太多意思，那些諍論並不能解決生命真正的苦因。3'43"

　　而佛陀的語言是怎樣的呢？師父說：「能夠圓滿──滿足地成就一切眾生」，注意哦！能夠滿足一切眾生，那一切眾生有多少呢？「無邊哪！」無邊眾生的什麼？「希願！」「希願」是什麼？他們最深的希求、最美的願望，佛陀可以圓滿。他用什麼圓滿呢？「語」，用語言！我們一開口是不是想要圓滿自己的願望？還是開口想圓滿大家的願望？所以，一對比的話發現：

「欸?怎麼會有這樣的一個心續呢?」他開口起來,居然能夠圓滿大家心中最美的、最深的那個願望。4'40"

　　師父又在對比我們的語言,和佛陀的語功德他的出發點,我們就是維護自己的觀點和見解,而佛陀是完全成滿別人的希願。而這別人的希願是多少個別人呢?是無邊的有情,是一切的眾生!不知道有多少有情,他都可以用他的語言去圓滿他的心願。我們會認為說:這可能嗎?比如談心啊,談很多次,能夠讓他內心改變一點點我們都欣喜若狂。怎麼樣能夠圓滿他想要達到快樂的願望,然後又不傷害他?為了這點,我們曾經絞盡腦汁地想,想很久很久、努力很久很久,非常非常地辛苦。可是能成滿一個有情的希願嗎?很難、很難!我們多半都令人失望、傷心、憤怒、消沉、絕望,我們的語言說出來有時這樣,很有殺傷力!5'46"

　　可是佛陀會成滿一切有情的希願!再再地會想到:真有這樣的事情嗎?佛陀的功德叫不可思議,已經超越了思想的邊際。所以師父說:「最難能可貴、稀罕的」,因為實在是在這個人世間太稀罕了!成滿無邊眾生希願語,居然就是佛陀的語言。我們第一個會想到:真的是存在的嗎?這種偉大的心續、偉大的語言,

真的是存在的嗎？不可想像的語言是存在的嗎？那麼一切眾生的
願望到底是什麼呢？我們可以捫心自問：「我們最深的願望是什
麼呢？」6'43"

講次0054

線上音檔掃描

聽師父下面這一段。

> 我們眾生什麼願望啊？簡單極了，就是要得到極樂！這個普通世間的快樂有漏的，有漏的！一點點快樂帶來很大痛苦，只有這個才是，這個才是我們真正應該所願之處，我們絕對不是得到眼前一點點小小的利益，這樣。而我們平常開口的，不是戲論就是諍論；佛陀卻能夠滿足不但一個人、不但他自己，所有一切眾生都能夠這樣。啊，了不起呀！試想他能夠圓滿一切人，他哪有自己不圓滿的！所以這個地方就身體有這樣好的殊勝的功德，開起口來是有這樣的真實的內容。1'03"

日常老和尚開示音檔起訖：2A 12:41～13:40
2015年版手抄稿頁/行數：1冊 P40-LL6～P40-LL1
2016年版手抄稿頁/行數：1冊 P40-LL6～P40-LL1

我們眾生的願望是什麼呀？師父說：「簡單極了，就是要得到極樂！」我們會覺得我們的願望簡單嗎？我們從小到大有好多、好多願望，很複雜、很複雜！但是隨著時光的流逝，我們會發現也許我們並不想要那種很張狂的快樂，我們只想要平靜。平靜就是樂，沒有災禍就是樂，沒有病苦就是樂，親人和睦就是樂，很多、很多……。還有，有的人說：「如果晚上能睡著的話，我就滿足了。」還有經歷病苦的人，他會說：「哎呀！如果我能正常地走路，我就滿足了。」簡單極了！到某種時刻會簡單。甚至在特別特別冷的時候，比如說零下五十度，我們會想：「哇！現在只要到一個暖的地方，我就滿足了！」那個時候對快樂的希求就變得特別簡單。2'14"

但是師父說眾生的願望是很簡單的，就是得到極樂。注意！它樂前面有個「極」，有多快樂呢？通常我們會覺得極限式的快樂後面就是痛苦，但這裡邊的極樂是無窮無盡的快樂。2'31"

師父接著又提到了：「普通世間的快樂是有漏的」，師父說兩遍「有漏的」。「漏」前面解釋了——痛苦的。為什麼那個快樂是痛苦呢？師父說：「一點點快樂帶來很大痛苦」，就是它苦和樂是交雜的，甚至你覺得快樂的事情，實際上是痛苦的。「只

有這個才是」，得到極樂才是，這個才是我們真正所願之處。3'00"

　　其實我曾經問過一些人：你會覺得生命可以達到極樂嗎？其實很多人沒有想這願望，說：「怎麼可能我生為人，然後我有這樣一顆心，我要面對林林總總人生中大大小小的事情，我怎麼可能希求在我的生命中會出現極樂呢？」就是沒有一絲絲痛苦那樣的快樂，人們不敢想、沒有能力想，因為覺得不存在，怎麼可能沒有痛苦呢？還有人說：「正因為有痛苦，所以快樂才顯得珍貴。」其實最佳的答案應該是：為什麼要痛苦去陪襯快樂？為什麼要黑暗去陪襯光明？全是光明不好嗎？為什麼一定要恐懼才會得到心安？全是心安不好嗎？3'57"

　　所以師父在這裡再再地鼓舞我們的志向，說：「這個才是我們真正應該所願之處」，就是要去勇敢地希求極樂的生命狀態、生命的明天，我們絕不能得到眼前一點小小的利益就滿足了，我們要希求一個極樂。而且極樂這個願望，別忘了師父前面有講說：「簡單極了！」我們會覺得：啊！這樣一個極樂的願望簡單嗎？非常、非常不簡單！因為要去除一點點痛苦，我們都要費好大好大的力氣，怎麼可能達到完全無苦的地方是簡單的？師父

說，注意！願望就是極樂，非常簡單，沒有那麼複雜！4'47"

接下來師父再再地提到，戲論和諍論就是我們的現狀，而佛陀卻能夠滿足不單是一個人、不單是他自己，是所有的一切眾生都能夠滿足無邊眾生希願。而無邊眾生的希願是什麼？是極樂，佛陀可以滿足無邊的眾生這樣的希願！5'10"

然後接著師父讚美呀，說：「了不起呀！試想他能夠圓滿一切人，他自己哪有不圓滿的！」這句話什麼意思呢？想一想，什麼叫「他自己哪有不圓滿的」？圓滿什麼了？是不是極樂呀？因為如果他不達到極樂的狀態，他怎麼可能有能力、有經驗引導我們去達到極樂呢？他會認為這是可能的嗎？所以師父由這個推斷——哪有不圓滿的！5'48"

接下來師父又說：「佛陀身體有這樣殊勝的功德，開起口來有這樣真實的內容。」「真實」這兩個字比較醒目，師父為什麼用了「真實」的內容這兩個字？難道我們平常講的都不真實嗎？戲論真實嗎？諍論有的時候也在幻覺中諍論啊！由於誤會而諍論、由於自己沒有看到全面的東西而諍論，所以是有很多顛倒夢想在裡邊的，有很多自己看不到的誤區在裡邊的。6'28"

　　所以，顯現的東西和它的本質並不是像事情本來的那樣。我們常常會把顯現的狀態當成是事物的本質，因為忽略了事物的本質，我們就會遠離真實。而佛陀的語言所講述的，是真實的內容、是諦實語、是不打誑語的，是沒有弄錯的、沒有誤會的一個狀態。所以這個「真實」兩個字非常地有力，會在我們心目中留下很深刻的印象——為什麼他說的都是真實的？難道我講的都是顛倒的、錯亂的嗎？7'13"

　　我們但凡有這樣的疑問來面對自心，我們跟別人戲論和諍論的時候，可能就會停一下。因為想到佛陀的語功德，他開起口來才有真實的內容，而我可能不是這樣，那我是不是現在不要再胸有成竹、氣勢洶洶地去諍論？甚至跌在戲論的那個續流中，根本就不能自拔？是否可以現起：實在沒有太大意思，或者這沒有什麼真實的內容，我應該讓我的生命去追逐這非常非常有意義的、有樂趣的，而且是絕對真實的這種功德！8'02"

講次 0055

線上音檔掃描

今天我們來看一看《四家合註》仁波切的解釋，所以請大家把《四家合註入門》翻到五十二頁。都有書吧？翻到了嗎？0'20"

接下來禮敬傳承上師，首先是禮敬教主——佛陀薄伽梵。宗喀巴大師是以「**俱胝圓滿妙善所生身，成滿無邊眾生希願語，如實觀見無餘所知意，於是釋迦尊主稽首禮**」這樣一個偈子來禮敬。然後妙音笑大師再註釋說：「俱胝」是什麼呢？就是「**不可計數**」，就是數目很大的量詞，它是數目中的絕頂，已經沒有比這個更大了。注意！這個俱胝哦，是形容佛陀的善行的，是說數量的最高單位，就稱為俱胝。俱胝，是梵文的音譯，在梵文中最高的數目，過此就沒有其他量詞，這是頂級的，而只用一俱胝、兩俱胝來計算，這裡邊主要是說功德。佛陀的功德多

日常老和尚開示音檔起訖：無

2015年版手抄稿頁/行數：無

2016年版手抄稿頁/行數：無

四家合註入門頁/行數：1冊 P52-L8～P54-LL3

到什麼程度呢？就是用最頂級的數量詞去計算也是沒法計算的，
「多到無法計算」。1'28"

「⑩如《俱胝耳本生》裡邊所說的，俗語中不可計數亦可
得俱胝之名」，這裡邊就是指這個意思。「俱胝耳」是佛世的
一位阿羅漢的名字，他的本生傳中也有提到，所以俱胝就是不可
稱數的意思。那麼「圓滿」呢，就是指功德，就是身等，是說
導師佛薄伽梵的身圓滿。那麼「俱胝圓滿妙善」，有很多很多
的妙善功德，由這樣的福德和智慧兩種資糧所生的佛身，就是
「⑩二資糧所生⑩所積聚的，或宣法音，名之為⑩果位之身」。
總而言之，這句話就是說具三十二相、八十隨行好的佛身，就是
由福智兩種資糧所出生的。2'23"

那麼還有另一種說法，說「圓滿」就是指意樂圓滿及加行圓
滿。注意！意樂圓滿和加行圓滿。意樂圓滿是什麼意思呢？比如
說大悲心。加行圓滿，比如說證得無我的智慧等等。因為佛身是
從這些圓滿出生的，到達了究竟，所以叫圓滿。那麼「妙善」的
意思是什麼呢？因為賜予現前的增上生人天的安樂果位，所以稱
為「善」；出生究竟的決定勝，成就解脫及一切遍智的果位，所
以是「妙」，也有這種說法。3'09"

　　接著巴梭法王的註，就是佛陀的身，「●為相好所莊嚴，觀之無厭」。就是永遠看不夠，永遠看不夠叫觀之無厭。這是在《四家合註》這個偈子裡邊解釋佛陀的身。3'33"

　　接著是「成滿無邊眾生希願語」。有在看書嗎？有在看書嗎？要看哦，或者認真聽哦！不要走神！說成滿無邊眾生希願語，「無邊」，妙音笑大師的註釋是「●無際」。那麼「眾生」，眾生是什麼呢？「●從前趣生於後」，就是從前生去到後世，所以叫眾生。注意哦！從前生去到後世是什麼意思？就是不會停息的——生有、死有、中有，再生有……，永不停息的這樣一個過程，如果沒有去解決這個生老病死的話。「無邊眾生」，就是指很多眾生、一切有情。「成滿希願」，即是什麼呢？「●成滿現前究竟所欲求義」，佛語能夠成滿今生所求的一切希願，今生所求的一切希願哦！聽到這裡，說：「真的嗎？」經典上這樣寫的，可以觀察一下、考慮一下。還有注意！「以及究竟獲得佛陀果位的希願，有這兩種成滿希願的方式。」有這兩種成滿希願的功德，今生的希願和究竟的希願都能圓滿。4'55"

　　你說：「那我們今生的希願，現在有漸漸在圓滿嗎？」我們可以觀察自己，比如說我們想追隨善知識聽法、我們想要建立學

制、僧團的法師譯經，然後大家能夠在一個僧團裡邊好好地聞思
修，能夠為善知識所攝受、為善知識所愛護、為善知識所歡喜，
然後我們能夠置身於海量的經典之中，再不會因為看不到經典、
不知道在哪裡尋求經典而惆悵和痛苦，現在譯經院有很多很多經
典，那這是不是今生很多出家人的願望都在圓滿呢？因為為什麼
要出家？出家就是想要深入地學習佛陀的教誡，那麼在五大論的
學制中，這個願望被強烈地滿足，而且究竟的希願也會滿足。
5'51"

　　說：成滿希願，如果就單單希求解脫而言，成就解脫就是究
竟的希願，在尚未解脫之前，為了解脫所希求的一切，比如說這
一生長壽無病啊，和來世的種種啊，比如說想布施的時候能夠布
施，富貴呀、健康啊等等，都是現前的希願。所以這個「語」
呢，是指應上中下三種根機的語，上等根機的就能夠聽到最上的
法，符順各自的心量。注意哦！現在擴大了，「無論對天、龍、
藥叉、食香、人」，它已經不僅僅是面對一類有情的問題了，佛
陀隨以一音說法，即使他們各自按照各自的語言去理解，也都能
理解。所以這是「成滿無邊眾生希願語」的另一種，就是無論
他以什麼形象出現、什麼樣不同的語言，但佛陀說一句話，全部
能夠讓他們用各自的語言、理解方式理解到。這是應上中下三種

根機語的佛語的功德。 7'06"

接著又到了我問問題的時間了，五十四頁，有看到吧？那個寫著「真師」的，其實是叫真如的弟子，她說：「這就是佛經裡面說的『眾生隨類各得解』嗎？」我每次都特別驚訝地這樣問仁波切。仁波切說：「對、對、對！最主要的，佛陀說法，是調伏所化機的方便，任說何法，都必須利益所化機。」注意！他說法是有目的性的，就是要利益我們！如果沒有利益到所化機的話，說法就毫無意義。比如我們身為善知識說法也是這樣，必須知道符合每位所化機的心量來說法，否則就無法達到利益。 7'50"

說到這一點，會不會想到師父呀？他會說：「欸！我好好的，為什麼要皈依？」他就提出我們心量裡邊出現的東西。還有我說：「欸！為什麼現在不講呢？」還有很多疑問。就是會發現跟你的心有一種真實的互動，在你的緣起點上所提出的疑問，會有一種討論，或者給你一種解答，或者讓你更深入地去思考。 8'13"

如果說自己心量很高，就依很高的起點去說，那很難利益到所化機。因此，要順應上中下三種所化機的心量而說法，佛陀的

語功德是這樣解釋的。因為如果他心量很高，你不去按照他的心量而說法的話，也很難達成對他的利益。隨機度化，這是佛語的不可思議呀！「前面『❷應上中下三機之語』，是妙音笑大師的註。」妙音笑大師這樣理解佛陀語功德。8'48"

之後，巴梭法王也有補註，「❸開示應機之法」，就是他是應機的。「❸故僅一語」，雖然說一句話，「❸亦為具足六十或六十四支韻音」，一句話也是具足佛語那種六十韻音或六十四韻音語的功德。那麼什麼是六十或六十四韻音語呢？因為在《四家合註》很長的那一篇（《菩提道次第廣論・四家合註》第六講）都講過了，如果你想再了解，可以再去聽一下。9'15"

好！今天就上到這裡，祝大家聽到佛語的功德之後能夠心生喜悅、心生希求。然後我們再到佛前禮佛的時候，凝視一下佛陀，去想一想：「哎呀！佛陀的身有這樣的功德，佛陀的語有這樣的功德，佛陀的意也有這樣的功德……。」這樣的話，我們在佛前一禮的時候，你的內心一定會有一些不一樣的感受產生吧！9'48"

講次 0056

又到了一起學習《廣論》的時間！很隨喜大家能夠在自己的生命中，撥出一段時間來聽法。0'12"

其實聽聞佛法對我們的生命影響力是很深遠的，因為它會對我們現在正在做的事情，或者想要做的事情有一個覺照，就是我現在做的事情，是我的生命一定需要做的嗎？那麼它的排序是怎樣的？是最重要的事情嗎？因為我們都知道實際上人的一生有很多事情要做，但是通常都做不完，所以一定要把最需要完成的事情排在第一位。那麼如何才能把正確的、一定要完成的事情最先去完成呢？就是我們對自己的生命要做一個規劃，這樣，當我們回首往事的時候，我們就不會說：「啊！那件事可能我不該做，我把它先做了。」甚至說：「有一些事就是錯的，我不該做！就是因為當時沒有深思熟慮，或者沒有把自己的生命放在一個無限

日常老和尚開示音檔起訖：2A 13:40～14:58
2015年版手抄稿頁/行數：1冊 P41-L1～P41-L10
2016年版手抄稿頁/行數：1冊 P41-L1～P41-L11

生命的長河中去看待，太顧眼前利益了，結果就失去了長遠的利益。」1'22"

　　所以每天抽出時間來這樣聽法的話，我們就會再再地用自己人生的宗旨或者終極目標，來校對一下眼前的所做、所想、所行、所說。校對下來，一旦是偏離了宗旨，或者偏離了我們對自身，乃至所有有情終極離苦得樂的目標、偏離了這個方向的話，我們就會隨時地調整。隨時調整自己的心，實際上是一件很愉快的事情。雖然開始略覺艱辛或者很艱辛，但是堅持下去的話，我們畢竟會後悔的事情越來越少，高興的事情會越來越多。佛法，讓我們覺照內心，數數地啟發我們的智慧，讓我們的生命能夠在一條安穩的路上去前行。2'15"

　　上一節課我們學到〈皈敬頌〉的第一個偈子，就是：「俱胝圓滿妙善所生身，成滿無邊眾生希願語，如實觀見無餘所知意，於是釋迦尊主稽首禮。」在這裡邊，今天要聽師父解釋「如實觀見無餘所知意」。請大家端正自己的發心，然後聽的時候要專注，不要散亂、不要昏沉！好！那麼現在就開始。2'50"

　　那麼他為什麼能夠做到這樣呢？因為他徹底如實地了解了，所以下面說，「如實觀見無餘所知意」，他的意業就是這樣的。他能夠「如實」的——如實在的，簡單極了！平常我們看見的，都是看見事情的一部分，而它真正的真相是看不見的，看不見的。平常我們眼前的東西，譬如說好像空氣，什麼都看不見，沒有什麼東西啊！欸，現在科學家告訴這裡還有空氣在，我們就看不見了。那空氣有什麼？我們又看不見，就像科學家也看不見。實際上眼前所有的東西都是這個樣，不要說我們看不見的東西看不見，就是眼前隨便一樣東西，譬如說眼前這個茶杯，你說你看見了沒有？我不能說你看不見，但是我也要告訴你，我不能說你看見。你看見了茶杯的這一面，那這一面看見了沒有？沒有！你可以轉過來，四面看見了，裡邊沒有！總是我們是局限的。那麼這個局限的裡邊就有種種毛病了，種種毛病了！就這樣。4'11"

　　前一段講到說：我們平常開起口來，不是戲論就是諍論，但是佛陀卻能夠成滿一切眾生無邊希願。所以呢，他能夠圓滿一切人，他哪有自己不圓滿的！所以開起口來才會有這樣真實的內容。4'36"

　　然後師父先提了一個問題，說：「為什麼能夠做到這樣？」這就開始引申到讚美釋迦佛的意功德。「因為他徹底如實地了解了」，徹底如實地了解了什麼呢？所以那個偈子說：「**如實觀見無餘所知意**」，這裡邊就提到一個「所知」這樣的概念。學《攝類學》的同學都知道，什麼是所知？堪為心的對境。堪為心的對境就是心可以去了解、能夠去了解的。那麼這個所知的範圍有多大呢？一切存在、一切有都是所知。那麼一切存在的，佛陀都無餘地觀見嗎？注意！師父說：「他的意業就是這樣，如實的、如實在的」，沒有什麼欺誑的，現見的。接著師父講了幾個字：「簡單極了！」這個「簡單極了」，其實我聽到這裡的時候我通常都會停在這裡，然後就看著這個「簡單極了」，會想很長時間。我不知道你們有沒有注意到這一段？6'09"

　　說：把所有的所知哦——就是無窮大的所知——他全部都能夠如實地觀見，而且是非常簡單。簡單到什麼程度呢？就像看自己的掌紋一樣那麼簡單，如在目前，就像在眼前看到的一樣那麼簡單。那請問：看自己的手紋容易嗎？容易呀！你把手張開來，眼睛打開就可以看到了，就這麼簡單！那麼佛陀了解一切所知，就像我們看自己的掌紋一樣，師父說：「簡單極了！」6'42"

　　其實這個「簡單極了」，讓我聽到這裡會覺得不可思議！因為什麼？師父接著說：「平常我們看見都是事情的一部分，而它真正的真相是看不見的，看不見的。」其實就是看到事情的一部分，有的時候也是看不清楚的。比如人們為什麼會爭論，一直爭論不休？就是覺得對方不了解我的意思，然後有的時候我也沒有了解對方的意思。我們都因為自己看到的那個部分，可能會認為別人看不到，所以跟別人爭論，想把自己看到的那部分提供給對方，但對方也想把他看到的部分提供給我們。但是如果我們都拒不承認對方看到的，只想要對方承認自己的話，那麼以自我為中心的戰爭、爭論就會開始了。親人啊、朋友啊、同事，都是這樣的！7'30"

　　可是我們偏偏還什麼呢？偏偏還對自己看到的那部分是非常執著的，還認為自己看到的是真相！可是師父說：「平常我們看見都是事情的一部分，而它真正的真相是看不見的。」但是觀察一下我們自己的現行，我們通常跟別人爭吵的時候，都會覺得自己看到的是真相。如果聽了這一段的話，在跟別人發生爭論，或者自己特別憂愁的時候、特別傷心的時候，是否還會覺得：為什麼別人不理解我呢？為什麼別人不理解那個真相呢？8'07"

講次0057

線上音檔掃描

　　其實談到真相，這裡邊有太多太多的問題可以討論了。但是師父說：「它真正的真相是看不到的。」我們能接受這個概念嗎？會覺得事情的真相我們看不見嗎？我們只了解事情的一部分，我們無法了解它的全體，真相更談不上！所以如果能把師父的這句話聽進去，那麼我們以後在跟他人溝通的時候，或者在學習某件事情的時候，或者一起共事的時候，我們就會知道：欸！也許我並不了解真相。這樣的話，我們就會對別人的心處在一種打開的、傾聽的狀態，對別人的言論也好、思想也好，至少保持著：欸！去聽一聽他在講什麼。而不是認為他就是不對的，而我了解的才是對的！0'49"

　　所以師父講了這個之後，就講了一個空氣這個例子。說：平常我們眼前的東西——像空氣，其實空氣是存在的，但是我們感

日常老和尚開示音檔起訖：2A 13:40～14:58
2015年版手抄稿頁/行數：1冊　P41-L1～P41-L10
2016年版手抄稿頁/行數：1冊　P41-L1～P41-L11

覺不到它的存在；我們感覺不到它的存在，其實就好像不存在。
科學家告訴我們有空氣存在，我們就知道有空氣存在。但是平常
二六時中，這個透明的空間，我們可以看到藍天、大海、大地，
誰會意識到這裡邊有空氣存在呢？如果不仔細地考慮的話。
1'21"

　　師父用這個例子告訴我們，實際上每天都伴隨著我們的那個
空氣，我們是意識不到它的存在的。一個存在的東西，因為感覺
的原因，好像它不存在；那麼反過來，一個不存在的東西，因為
感覺的原因，會不會我們把它誤認為存在呢？都是有可能發生
的，因為不了解真相，我們對一些問題的了解是片面的，可能是
顛倒的。我們能夠接受這樣的概念嗎？自己考慮考慮。1'54"

　　其實這有點像聽聞軌理的病者想，能不能確認自己的無知？
因為當我們想要探尋真理，想獲得更多對於自他的生命有意義的
知識、學問或者智慧的時候，我們一定會率先看到自己的無知。
那麼對什麼無知？真的是對我們平常身邊存在的東西好像都感覺
不到它的存在，有無知到這種程度嗎？不去觀察的話，有時候就
會這樣，會忽略最重要的東西的存在。那個空氣對我們是非常非
常重要，可是我們常常會忽略它的存在；也沒有好好地保護土壤

啊、保護水源啊等等。因為這樣的話，就會破壞河流、破壞土
地，也就破壞了空氣。2'40"

所以師父舉了這個空氣的例子，讓我們就能夠感受到的例子
去想一想：實際上我們並不了解事物存在的真相。2'54"

接著師父又舉了一個茶杯的例子。其實所有端過茶杯的人都
知道，就是一個杯子嘛，就這麼簡單！可是師父用幾個面，比如
說看見正面，你後面就看不到；看到裡邊，就看不到杯子底，翻
過來才能看到。比如說這個杯子是哪兒產的？翻過來才會看到；
當你翻過來看底的時候，你又看不到裡邊是什麼樣子、顏色，都
看不到了。就用這樣一個例子，證明我們是不可能穿透阻隔的、
阻礙的事物，去看到隱蔽的那一面的。3'27"

所以師父說我們是有局限性的。一旦有局限在裡邊，毛病就
會產生了，種種毛病！而佛陀呢，他能夠如實觀見一切所知，而
且是無餘地觀見，沒有一件事情他不知道的。我們聽到這裡的時
候，可能很難去想像那到底是怎麼樣的一顆心，說上知天文、下
知地理，已經覺得夠博學的了，還要知道很多很多人的心。如果
所有眾生的心意他都知道，而且注意哦，他知道的速度是在一剎

那喔！一剎那間可以知道所有的事情，時間這麼短！4'20"

　　比如說我們探討一件事情的話，開了很多次會議探討這個主題，甚至把一個主題在心裡想啊、想啊、想啊，也想不明白。為什麼呢？因為我們還是不知道，還有一些東西沒有探索出來，就是沒有想明白。怎麼可能在一剎那間能夠如實觀見所有的一切呢？這是不可思議的事情！這對我們的所知來說實在是太過挑戰，所以就是不可思議！我們要皈依和讚美的釋迦牟尼佛，他的意功德居然是這樣的！4'52"

　　透過師父的這一小段讚美釋迦佛的意功德，讓我們觀察一下自己的現狀，真的能夠確認自己不了解真相嗎？我們會在我們的生命中不停地發現：我們以為我們了解一個人，可是後來出了一件事情，我們發現我們不了解他。還有我們誤會一個人，後來這個事情發生之後，我們會發現：哎喲！原來他不是這樣子。所以生命裡發生的很多很多事情，實際上都在挑戰我們——我們以為自己知道了真相，可是實際上呢，真相遠遠不是那樣的！5'33"

講次 0058

線上音檔掃描

　　真正了解真相的是像佛陀那樣，對一切所知全部如實無餘地徹見，那叫了解真相，我們平常都是在局限性的部分。如果對這一點能夠得到一點定解的話，實際上我們在跟人相處的時候，會不會覺得自己是應該調柔、應該謙虛的？因為我畢竟不了解真相。比如說他人的心續，另一顆心到底是怎麼樣的？他是沿著什麼樣的續流在流淌的？他每天都在想一些什麼？就算是每天都見到、每天都聽到他說話的人，如果我們不花點時間去探索他的思想的話，實際上是不了解他的。只透過他說的或者看他走路的樣子，或者一些事情，我們也無法真正了解他。0'51"

　　所以這就涉及到為什麼要特別注意訓練自己的觀功念恩？因為我們常常都忽略他生命裡很美好的那一面。特別是有的人總喜歡顯露自己不好的一面，所以我們看到那些之後，就會常常忽略

日常老和尚開示音檔起訖：2A 13:40～14:58
2015年版手抄稿頁/行數：1冊　P41-L1～P41-L10
2016年版手抄稿頁/行數：1冊　P41-L1～P41-L11

他內心中的善意，尤其是那些可能掩藏的很深的善意，或者我沒有注意去往深了看的那種善意。這個在僧團裡可能是非常非常普遍的，比如說一個出家人，你看他平常就是按部就班地上早晚課，就做那些事情。但是有一天某一個鏡頭，你真正地去探究他為什麼要這樣做的原因的時候，實際上是非常非常震撼的，並不是像表面上那麼簡單。實際上他內心裡有一個很深的用心在裡邊，甚至他把這個用心在心裡想了很久很久，然後才會做這樣一個看起來微不足道的小善行。1'54"

所以我覺得師父的這一段，是讓我們看一下自己的現行，非常非常希望啟發我們能夠去聆聽他人的意見、能夠去聆聽他人的心聲，不要著在「我」的感覺裡、著在「我」的認知裡邊，認為「我」就是那個了解真相的人。一定要不停地學習了解別人，別人的心對我們來說都像一本書一樣。人們之間為什麼會有誤會？為什麼會有爭端？就是大家都對自己看到的那一部分特別執著，而不去看一看可能那個人很善良、真的很善良，或者可能我看到的只是非常局部的部分，更深邃的東西我應該再給自己一點時間、再給自己一點時間去了解一下。2'37"

希望人們在碰到非常非常相反的意見的時候，能夠坐下來心

平氣和地溝通，開始傾聽對方的想法。為什麼要這樣傾聽呢？因為我們可能不了解真相，因為我們需要學習。如果能這樣傾聽的話，家庭啊、工作單位呀……甚至如果我們能認真傾聽一下我們的身體，會不會我們的身體都會好很多？還有很多在心裡邊一直徘徊不去的那些思路，如果我們也能認真地去研究一下的話，甚至是看一下自己內心的真相，我們會不會就容易擺脫掉一些非常負面的思路？因為這種負面的思路不會給我們的生命帶來任何好的影響。3'20"

而我們能對我們的生命做這樣些許的改變，可能是源於善知識的啟發、源於這個偈子，由於師父講的這些話，我決定不要去相信我是徹底看到真相的那個人，我要好好地去學習。在跟他人的互動中，甚至在為家人、為這個社區、為整個社會的奉獻中，我要再再地去學習和反思自己，然後向所有的人學習。抱著這樣一個心態的話，我們的心就會越來越敞開、越來越敞開，敞開得越來越徹底的時候，我們就會結交到越來越多的朋友。我們也會越來越能看到很多人都在為這個世界變美好而努力，我們就不會把自己的努力看得那麼重要，其他人的努力都好像不存在一樣。我們會看到很多很多人都在非常努力地貢獻於這個社會、貢獻於這個世界！4'20"

一旦慢慢地習慣去簡擇自己對這個世界的看法，把那些負面的、非常毀滅性的思路，或者哀傷的思路、絕望的思路不停地對治掉的時候，我們自然就會有一種光明的、振奮的價值觀，來看待自己的人生和這個世界。一旦我們慢慢心裡變成這樣的話，我們就會散發出一種振奮和光明的力量給自己的家人、給自己周圍的朋友們。4'48"

那麼我們要在哪裡弘揚佛法呢？家庭一定是一個很好的弘揚佛法的地方，因為家人每天都見面、每天都彼此相對，但是不一定都能夠很好地溝通。學了這個偈子，如果認識到這一點的話，就可以馬上把它用在跟別人的溝通上。但是不要一碰到釘子馬上就縮回來不幹了，要鍥而不捨地學習和訓練自己，因為自己可能並不是那個了解真相的人。5'15"

不知道你們覺得我說的有沒有道理？如果大家能夠用上一點的話，可以改善一下自己生命的現狀和家人的現狀，甚至健康的狀況。我們要不停地注意到自己的心在幹什麼？自己的心到底在做什麼？思想在想什麼？真的以為自己是徹底了達了很多東西嗎？如果不是這樣的話，那就要去學習、去了解、去傾聽、去擴大這個心的容量。要知道就像師父說的，我們是有局限的，有局

限的話就有種種的毛病，這種毛病就會產生太多的誤會、不諒

解，甚至悲劇！6'01"

講次 0059

線上音檔掃描

好，那麼我們再聽一段師父的帶子。

所以真正能夠如實地看見的話，那是很不容易的事情，而且圓滿無餘。譬如說小乘的聖者，他也能夠見到一部分，但是還有很多地方不圓滿的，我們說簡單。我們所應該知道的一切的對象，他沒有一點點餘遺；而所有任何一樣東西當中，他如理如量、如理如量地都能夠完全認識。因為能夠這樣完全認識，所以才能夠圓滿解決，所以才能夠不但自己得到這樣，而且能夠滿足一切眾生。這個是意業。1'00"

師父在前一段說：「如實地了解一切所知」，然後師父說：「簡單極了！」在這一段，師父說：「所以真正能夠如實地看見

日常老和尚開示音檔起訖：2A 14:58～15:51
2015年版手抄稿頁/行數：1冊 P41-L11～P41-LL1
2016年版手抄稿頁/行數：1冊 P41-L12～P41-LL1

的話，那是很不容易的事情。」前面說：「簡單極了！」現在
說：「很不容易！」很不容易是什麼？達到這個能夠如實看見的
過程、一個成佛的過程，實際上是非常非常不容易的！但是一旦
證得了大覺佛位之後，就對一切的所知瞭如指掌，而且剎那間就
可以了解一切，就變得簡單極了！1'42"

　　所以師父說：我們應該知道的一切心的對境──就是所知，
佛陀沒有一點點餘遺、全部都能夠完全地認識。因為能夠完全地
認識，所以才能夠圓滿地解決。我們生命的很多問題，懸而未
決，為什麼呢？因為有的是找不到答案，有的是找不到問題，有
的是我們有答案也有問題，但是好像也解決不了，就是很多很多
解決不了的問題。想想從小到大我們積累了多少無法解決的問
題，就只能放在那裡。但是，佛陀可以圓滿地解決所有的問題。
為什麼？因為他能夠如理如量地完全認識到一切所知，所知的範
圍全部都能夠了解。「不但自己能得到這樣，而且還能夠滿足一
切眾生。」2'42"

　　其實我們認真地思考一下佛陀的意功德的話，就只能用到不
可思議了！不要說了解一切眾生的心意，就算是眼前的人，甚至
在一起生活了好多年的人，你完全了解他的心意嗎？你確定沒有

誤會嗎？確定對他心中的善良、對他的心中的隱忍都知道嗎？可能我們更多地知道別人不好的東西，因為我們很多思考都朝著負面去了，可是對別人的善意、很多美德沒有去專心地探索。3'24"

所以，想一想佛陀，再看一看自己，我們的生命是怎樣發生向上的力量？居然有一顆心可以做到這樣，難道不值得我們禮敬嗎？因為正是有那樣光明的一顆心，藉借著這樣的光明，哪怕是我在文字上了解一下，然後藉借這樣的光明，我們看一看自己生存的現狀，實際上會發現有太多可以努力的空間。一旦我們發現有很多努力空間的時候，我們就會停止抱怨、停止嘆氣、停止把所有的錯都歸咎於別人。開始想一想：有什麼真相是我不知道的？他有什麼苦楚是我不了解的？還有什麼東西是我的錯誤導致的？4'12"

我們反省自心，打開我們的內心去學習、去探索，讓生命不停地離開憂悲苦惱，不停地離開各種問題的糾纏，需要提升我們的智慧，需要累積很大的資糧，所以我們要禮敬所有的佛陀。4'32"

講次 0060

線上音檔掃描

好！那麼我們再聽一段師父的帶子。

　　那麼這個三樣東西，也可以說他身、口、意三業，也可以說他的法、報、化三身。這個「意」是代表了他的法身，「語」是代表了他的報身，「身」是代表了化身，一般來說，一般來說。因為意業本身的的確確它跟法是徹底圓滿相應，那個就是法。那麼他所現的身呢？那個現的身的話，就是他自己的是佛身，那是我們看不見。現在「妙善所生」，我們看得見的，那的的確確應個人不同的機所看見不同的。菩薩看見他的是報身，眾生還沒有登地之前，還沒有破無明之前，看見他的是化身，而這個化身有在四生、六道當中的。所以這個也同時可以說法、報、化三身。那麼總結起來，這就是我們釋迦世尊，這個是我們

日常老和尚開示音檔起訖：2A 15:51～17:17
2015年版手抄稿頁/行數：1冊　P42-L1～P42-L8
2016年版手抄稿頁/行數：1冊　P42-L1～P42-L9

的尊主，這個就是我們的娑婆世界的教主、人天導師。第
一個。1'35"

　　在這一個小段裡，師父講了佛陀的法、報、化三身。對於新
的同學來說，這可能是一個新的概念；對老同學來說，都知道佛
陀有法、報、化三身。大家好好學，學到《現觀》第八品〈法身
品〉的時候，這裡邊就介紹了法、報、化三身的功德，還有他們
的差別。在前七品介紹了菩薩應該如何了解三智——一切相智、
道相智，還有基智。那麼怎樣才能夠達到一切相智呢？就是修持
四加行，然後去獲得法、報、化三身。佛陀的法、報、化三身是
怎麼來的呢？在《現觀》裡邊就會有詳細的介紹。要發心去了解
法、報、化三身的功德及其差別，乃至作為現在還是一個凡夫的
我如何去獲得法、報、化三身？這是我們在今天再次學習的意
義。2'39"

　　在這裡邊師父說：佛陀會應種種的機，讓大家看到佛陀不同
的化現。那報身我們能看得到嗎？登地以上的菩薩能夠看到報
身，當然還有佛可以看到佛的報身，資糧道和加行道的菩薩是看
不到報身的。所以師父在這裡邊說：眾生還沒有登地之前，只能
看到他的化身。這個化身有在四生、六道當中，所以不知道有多

少。不知道有多少化身這樣的一位佛陀，在陪伴著我們、在引領著我們，師父說：「這就是我們的釋迦世尊，是我們娑婆世界的教主！」3'32"

　　從前面讚美佛陀的意功德，現在又講了法、報、化三身，都為我們的生命打開了一個非常不可思議的視野，說：還可以有三身啊！意功德還可以了解一切，一切所知都可以知道，堪為心的對境的都可以了解。當然只有佛陀可以在一剎那間了解，我們就算是看見了可能也不知道、聽了也不知道。正因為如此，所以我們要學習，我們有學習的能力呀！4'08"

　　通常人對於超越自己的事情，可能有幾種現象：一種就是很想了解那是什麼；還有一種就是我現在也不錯，不用去那麼費力地了解；還有一種是悲觀、失望——我了解了有什麼用，我也達不到！不管我們生命處在什麼狀態，現在都聽聞到佛法了，聽聞到佛法，我們已經知道生命最圓滿的狀態是什麼樣。那麼對比自己現在，就應該發起一個精進的心，去成就這樣的功德；為了成就這樣的功德，我們就要累積很多很多的資糧。4'50"

　　能夠從內心裡邊了解佛陀的功德，哪怕只是在文字上了解一

點點,甚至相對地去思考一下,比如說當我們跟別人爭論,不要爭論到白熱化,簡單地爭論幾句的時候,就想一下:欸!我了解事情的真相嗎?我這樣氣勢洶洶、煞有介事,甚至覺得真理一定在我手中這樣去爭論,我真的了解嗎?如果有一個念頭來反照自己的話,是不是就可以讓氣氛融洽一點?5'23"

所以當我們仰望佛陀的時候,當我們拿善知識的法語來校對我們每天的行為的時候,我們就會不停地修改自己。而我們的心續不停地修改、不停地修改,讓它達到良善、達到越來越有智慧,甚至充滿慈悲的善念的時候,我們生命的質量也隨之提升,就沒有那麼多苦惱了。為什麼?因為我們不停地發現是我自己出了問題!如果是自己出了問題,自己改善就可以了;如果是別人出了問題,怎麼令他改善呢?可能很難哦!怎麼能令所有跟我們有緣分的人都得到那種改善呢?如果老是令別人改善,而忽略了自己內心的改善,這到底是不是生命的出路呢?如果是的話,很多時候我們都想要改變別人,然後希望自己的生命能夠改變呀,但是這樣的努力不是很多都令人失望了嗎?6'25"

是啊,我們應該要改變!要改變這個世界,從哪裡做起?要從改變自心做起。那麼如何去改變自己呢?我們必須去了解自己

的誤區、局限，或者說自己的顛倒在哪裡。如何去了解這一切呢？就要用一面鏡子來照一照我現在在何處？我在想什麼？我在說什麼？那麼那一面明鏡是什麼？就是法語——佛陀的法語、善知識的法語！6'58"

　　每天能夠用這樣的法語來覺照自心的話，我們生命一定會慢慢地遠離很多迷惘，自己對內心覺察的速度越來越快、越來越迅速，甚至次數越來越多，甚至是每天遍滿這樣對內心的覺察，我們就會避免自己走到錯誤的懸崖邊上才發現。我們很早就會發現：「欸！這個不可以！」然後就會遮止；遮止了苦因的話，將來就不會結到苦果，這也是我們生命最真實受用佛法的一點。7'31"

講次0061

線上音檔掃描

現在請大家把《四家合註入門》翻到五十四頁，我們再看一看仁波切對於這一個偈子的解釋。0'14"

說：「『如實觀見無餘所知意』，『如實觀見』，佛意能如實的觀見一切如所有性、盡所有性的法。」這裡邊又提到如所有性和盡所有性。妙音笑大師就註說：「❹無遺之智所了達」，就是沒有遺漏的智慧所了達的，「❹故名無餘所知」，像頭髮絲、像汗毛那麼大的不知道都沒有，全部都知道叫無遺——沒有遺漏的。能夠毫無遺漏地證得一切所知，所以提到「無餘所知」。佛陀的意擁有什麼樣的功德呢？「在同一個時間，各別如實觀見一切所知法的功德。」他在同一個時間——就是同一個剎那，用同一個智慧現證一切法。1'09"

日常老和尚開示音檔起訖：無
2015年版手抄稿頁/行數：無
2016年版手抄稿頁/行數：無
四家合註入門頁/行數：1冊 P54-LL2～P56-L9

　　這裡邊強調了沒有遺漏，強調了沒有遺漏地證得什麼？一切所知，一切所知全部都了解，用多長的時間去了解一切呢？就是一個剎那了解一切，不是很長的時間，一個剎那了解一切，就是這樣的一種意功德。1'30"

　　那麼接下來，巴梭法王的註，說：「**由詮身語意功德之門**」來頂禮「釋迦尊主」。此中的「釋迦」，是說「**強力或勇猛種族**」，這說明種族的「強力」和「勇猛」是同義的，就是代表力量。「**二足**」，就是人的異名。「**二足尊主**」，就是人中的尊主。用一種非常恭敬的方式，說佛薄伽梵生在釋迦種族，而不直接說他的名諱。所以，像「**傑喇嘛**」——宗喀巴大師也用最澄淨的信心，就是「**以身分**」，由我們的身體之中最尊勝之處——就是頭頂稽首禮，去頂禮釋迦佛。而且是三門恭敬地頂禮，「三門」就是身語意三。身作什麼？禮敬；語呢？就作讚歎；意呢？就生起了淨信，用三門去頂禮。2'33"

　　那麼，第一句「俱胝圓滿妙善所生身」，在其他的解釋也有這樣說到：「所生身」就是指能仁佛薄伽梵的身。而頂禮的意義何在呢？因為這是能令自己獲得無量福德的方便。為什麼要頂禮佛陀呢？可以令自己獲得無量的福德！2'56"

　　所以佛身的妙相和八十隨形好，是由於無量的福德而產生的。不是說法、報、化三身嗎？要經過怎樣怎樣的那個次第，《現觀》裡會講怎樣去修成，是累積不可思議的無量的福報，有無量的福德才能產生這樣的身。比如說：獲得聲聞、獨覺果位的福德，乘以十倍，才能成就佛薄伽梵一個毛孔。所有毛孔的福德，乘以一百倍，才能夠成就佛陀八十隨形好中的一種隨好。所有八十隨形好的福德，再乘以一百倍，能夠成就除了佛陀白毫相和頂髻相之外的三十相。成就這些相好的福德，再乘以一千倍，能夠成就佛陀的白毫相。然後這個福德，再乘以十萬倍，就成就了佛陀的頂髻相。這是在《中觀寶鬘論》裡邊講的。3'57"

　　再翻到五十六頁。說：由此可知，「俱胝圓滿妙善所生身」這一句，表達了佛身是從這麼多這麼多福德所出生的。後面的語功德、意功德也都是如此。對於如此的佛身，僅以一次合掌作禮的福德也是不可思議的，運用理路就可以推知。我們常常嘴裡會念誦：「皈依佛」，但是皈依佛的目的到底是什麼呢？是因為佛陀的功德這樣無量、無法衡量，所以我們才要去皈依他。那麼，我們現在講到「俱胝圓滿妙善所生身」時，講到佛陀一個毛孔的福德有多大？縱使聲聞、獨覺的一切福德聚集在一起，也無法出生佛陀一個毛孔的功德。如果這樣的話，是怎樣地累積

福德，最終才能夠成就佛陀的尊身呢？所以必須了解這是多麼多麼地不可思議呀！一旦我們了解了佛陀成就這樣一個毛孔的功德，它是多麼不可思議的福報才能夠累積出來，有了這樣的認知，我們再去頂禮佛陀、讚美佛陀，再對佛陀生起信心的時候，就能對我們的身心真的產生不可思議的利益！5'27"

　　也正是由於這樣的原因，我們才要每天聚起來學習教典。因為在教典裡會詳細地講述三寶的功德，我們一旦了解了這樣的功德，我們就不會去浪費人身，就是去攪煩惱啊，或者做一些無意義的、對此生和來世都沒有益處的這樣的行為。我們就會把這個暇滿人身的點點滴滴用來禮敬三寶啊、讚美佛陀，去學習佛陀到底有什麼功德，乃至有什麼差別。5'59"

　　一旦廣泛地、不間斷地學習，我們了解了佛陀的功德，在內心中真實地生起對佛陀的信心，那麼我們一個禮拜下去，甚至說「皈依佛、皈依法、皈依僧」這樣念下去，自己全部的身心相合——身語意三門都在恭敬作禮的情況下，我們所累計的福報也是不可思議的！為什麼呢？因為我們所頂禮的佛陀，他的功德是無量無邊的！頂禮了這樣的佛陀的我們，所累積的福報到底有多少呢？所以是非常非常值得去學習和非常非常值得去禮敬的。因

為會對我們的身心產生不可思議的利益！那麼大好的人生的光陰，何必去攪那些煩惱和傷心，想那些總也想不開的事情？花點時間去了解佛陀的功德、念一下佛陀的名號，甚至認真地合掌去禮敬佛，會不會這樣的生命過得更加地真實和喜樂呢？**7'06"**

講次0062

　　大家好！很高興又到了一起研討《廣論》的時間。這段時間有憶師恩法會，所以我自己和所有的同學，還有尊敬的法師們，都在這個時間認真地用功憶念師父的恩德，再再地感恩師父來到我們的生命中。0'27"

　　就像在《廣論》三十八頁的第一行，「又云」，就是《華嚴經》說：「善男子，若諸菩薩，隨善知識所有教誡，諸佛世尊心正歡喜；若諸菩薩，於善知識所有言教，安住無違，近一切智；於善知識言教無疑，則能近於諸善知識；作意不捨善知識者，一切利義，悉能成辦。」《華嚴經》說：「若諸菩薩」，能夠隨順善知識的所有教誡，那麼「諸佛世尊」——所有的佛陀都會很開心的。還有「若諸菩薩」，能於善知識的所

日常老和尚開示音檔起訖：2A 17:17～19:21

2015年版手抄稿頁/行數：1冊 P42-LL6～P43-L5

2016年版手抄稿頁/行數：1冊 P42-LL6～P43-L5

有言教沒有違背，就等於趨近於一切智。還有於善知識的言教「無疑」——沒有疑惑，我們就是在親近善知識。1'29"

還有一個是「作意不捨善知識者」，一切的利義都能成辦。這是在《廣論》中〈親近善知識的勝利〉裡邊所寫的幾行而已，但是它會囊括從發心開始直至成佛這所有的過程，我們都不能離開善知識的教誡，這樣就都會得到善知識的攝受、得到善知識的守護、得到善知識的憶念。如果我們能夠初心不改，我們始終去修信，讓我們的信心越來越增廣的話，那麼一定可以由如法親近善知識的緣故，會得到像經典上所說的親近勝利。所以我們一定要好好地努力，希望自他都能夠得到如法親近善知識的所有勝利。2'23"

師父非常非常在乎我們一定要學習《廣論》，為了把這本論帶給我們，師父辛辛苦苦地求法，然後又找到一種大家能理解的方式，再找到一種大家能聚在一起的方式——那就是廣論班。讓在工作崗位上、或者在家庭裡邊的居士們，能夠聚在一個課堂上，經年累月地，甚至是二十年、三十年地不間斷地修學《廣論》，今年師父講《廣論》都三十年了！其實廣論班是師父一個偉大的創舉，你我都在這個班裡成熟了自己的善根，繼續把《廣

論》學到今天，我認為這是這個藍色星球上的奇蹟！是師父創造了這個奇蹟，也可以說是文殊菩薩，還有很多佛菩薩創造了這個奇蹟！當然，在這個奇蹟中也有你和我，所以真的是非常地令人歡喜！3'26"

今天我們就會學到〈皈敬頌〉裡邊的「是無等師最勝子，荷佛一切事業擔，現化遊戲無量土，禮阿逸多及妙音」。在聽聞之前要發一個大乘的意樂——為了利益芸芸的眾生，我必須去希求佛果，所以必須要來聽聞，以種成佛的因，所以在聽聞的時候安住聽聞軌理，要將所學的法向內調伏。4'09"

如果大家準備好了的話，我們就一起開始聽師父的帶子。好！那我們就開始聽了。

那麼這個佛的圓滿的教法流傳下來的時候，分成功兩個大系：一個是智慧，一個是方便；或者我們說一個是大悲，一個是大智。當他徹底圓滿的時候——佛，所以叫二足尊——明足、行足。那麼等到慢慢地向下的話，它一定分成功，這個時候用兩個菩薩來代表，實際上就是這兩個菩薩能夠圓滿傳持那一部分教法的。哪兩位？一個是彌勒

菩薩代表方便，一個是文殊菩薩代表智慧。所以看第二個偈子：

是無等師最勝子，荷佛一切事業擔，現化遊戲無量土，禮阿逸多及妙音。

說現在這個是，「無等師」就是佛——無與相等的，是無等等師、那個佛最殊勝的法王子。這個法王子，他能夠圓滿地把佛一切這個事業的這個擔子能擔得起來的。而擔起來了以後他做些什麼呀？眼前化現無量無邊的身體，在十方一切世界當中遊化教導眾生。這是誰啊？這是阿逸多，就是彌勒菩薩，他是代表方便——大悲；以及文殊菩薩，代表智慧。6'25"

在前一段的時候，就介紹了佛法流傳下來的兩大系：智慧和方便，或者說大悲和大智。然後再說到這個偈子，說：「是無等師最勝子」，這個「無等師」，說無與相等的，就是沒有什麼能跟他匹敵的，就是指佛陀。那麼這尊佛陀最殊勝的法王子，在《四家合註入門》裡講到：為什麼說是法王子？是從佛陀的語教所出生的。這個法王子能夠做什麼樣的事業呢？就是「荷擔」

佛的事業。荷擔了佛多少的事業呢？是一切的事業，「荷佛一切事業擔」。師父在這裡邊說這個擔子是可以擔起來的。提到「事業」，比如說一個公司有公司的事業，如果大的話，那事業的擔子就很大；一個家裡邊也有擔子。那麼文殊菩薩和彌勒菩薩荷擔了什麼樣的事業呢？佛的事業。在擔起來之後做了什麼呢？注意！就是「現化遊戲無量土」。注意哦！這一個概念打破了我們以往的習慣概念，就是菩薩他可以化現無量無邊的身體。8'04"

這裡邊我很驚訝的，就是師父用了一個「眼前」，是在誰的眼前呢？是在我們的眼前嗎？我們會知道嗎？那是在師父的眼前嗎？他可以化現這麼多身體，多到多少呢？無量無邊！這無量無邊的身體，在多麼廣闊的地方呢？他在「十方」——注意——「一切世界」。做什麼呢？「遊化教導眾生」。然後師父說：「這是誰呀？」這麼大的本事！可以化現這麼多的身體在無邊的世界、在一切世界遊化教導眾生！即是彌勒菩薩和文殊菩薩——一個代表大悲，一個代表智慧。8'55"

其實在看這一段的時候，我在「眼前化現無量無邊的身體，在十方一切世界當中遊化教導眾生」這一句，停了一段時間，我

在靜靜地想。像我小的時候就常常想：為什麼一個人只有一個身體呢？如果有很多身體的話，每個身體都長得不一樣、會的本事都不一樣，那是不是很美好呢？現在想問諸位說：「假如有一天，你可以化現無量無邊的身體，你會用這無量無邊的身體做什麼呢？」這就和最初為什麼會修出這樣、可以化現無量無邊身的功德的發心有直接關係。所以師父說：「在十方一切世界當中遊化教導眾生。」為什麼要遊化教導眾生呢？因為眾生苦啊！要告訴大家怎樣離苦、怎樣得樂，所以在做著神聖的利他的事業，而需要無量無邊的身體。10'02"

注意哦！這兩位偉大的菩薩，他們可以化現無量無邊的身體，而且師父用了「眼前」兩個字。假如你將來會化現無量無邊的身體，你用它做什麼呢？你們也可以想。有人說：「如果可以化現無量無邊的身體，那就去下地獄，然後讓地獄都空掉，替那些有情受苦！」其實這也是一個非常偉大的理想！10'30"

師父在這裡，把很不可思議的菩薩的一個示現，讓我們在凡夫小小的視野裡邊可以稍稍去想一下：有那麼多個身體，而那麼多身體都在做同樣教化有情的事情，可能方便是不一樣的，這是何等奇妙的事情！你和我會有那樣的一個未來嗎？我們在佛菩薩

的教化下，會成就那樣的功德嗎？如果成就那樣的功德該有多麼美好！所以這兩位菩薩是有著不可思議神變力，和教化有情的偉大功德的兩位善知識！11'19"

講次0063

線上音檔掃描

好！接著再聽下一段。

　　大悲、菩提心，就是發救一切眾生心這個願力，然後在這個方面用種種方式、種種方便去幫助別人，所以稱為廣行。但是你單單發了這個心要去救別人，如果說沒有正確的方法的話，不行！所以一定要有正確的方法，那麼就是智慧。就像我們普通世間來說，每一個家庭當中母親都是無限地慈悲，她總是希望自己的子女最好。但是這個母親，愛心是夠了，教導的方式不足，結果呢，溺愛，溺愛！這個「溺」愛，三點水一個弱，強弱的弱。寵愛反而把那個子女弄壞了，所以一定還要正確的指導，這樣。那麼這個正確的指導是所謂智慧，我們現在佛法也是如此。

1'14"

日常老和尚開示音檔起訖：2A 19:21～20:28
2015年版手抄稿頁/行數：1冊 P43-L6～P43-LL4
2016年版手抄稿頁/行數：1冊 P43-L6～P43-LL4

　　在這一段裡邊，出現了「大悲」、「菩提心」、「願力」。注意！大悲、菩提心都是佛菩薩具有的，所以這裡邊說：「發救一切眾生心的這個願力」。然後發了之後，這個心是做什麼呢？就是由種種的方式、種種的方便去幫忙別人。他的方法和方式是無量無邊的，但是都從一個利益他人的角度，從菩提心、大悲心這個角度任運地流淌出來的，師父說這是廣行。1'57"

　　但是我們單單發了這個心要去救別人的話，沒有正確的方法，師父接著說：「不行！」2'07"

　　那麼觀察一下我們自己：當我們現起了一個想要幫忙別人的心的時候，會不會很留心：欸，我有沒有正確的方法？我們會不會在方法上仔細地推敲一下，還是一股熱情就去幫忙別人了？但有的時候可能是越幫越忙，因為自己的方式可能是別人不喜歡的，或者不適合別人的，甚至是自己也沒有搞清楚的。所以師父說：「一定要有正確的方法。」那麼正確的方法，師父說：「就是智慧。」2'43"

　　所以當我們生起了想要利他的願望的時候，一定要同時學習智慧。為了讓我們了解這一點，師父說：「在一個家庭之中，母

親對我們的關愛都是無限地慈悲，希望自己的子女最好。」但是如果愛心夠了，教導方式不足的話，提到了「溺愛」。其實現在有一些人感覺到好像媽媽沒那麼愛我；有些人是說：愛太多了。總之，這個愛心到底怎麼樣去搭配，才是對一個人心靈最好的灌溉？師父說：「一定還有正確的指導。」那麼對我們想要生起慈悲心，或者利益他人來說，這個正確的指導就是智慧。3'39"

我們都覺得自己很熟悉母親的愛，那麼如何去表達關愛？這個關愛得讓他體會到愛，而且有的時候可能是無條件的愛。因為這樣的話，他才會有安全感，才會在生命中建立了一個對他永遠不會變心的這樣一個母親的慈愛。那麼這個母親的慈愛還要智慧的引導，就是何者應做、何者不應做。有的時候應做的事可能是自己不高興，但是必須做；有的時候自己喜歡做的事，可能你的生命並不需要。所以我們在智慧的指導下，學會自律、自尊，要去知道何者對自己、對他人真正地有利，何者對自己和對他人是有害處的。4'28"

父母親在我們的生命中，一直關愛我們、又教育我們，這兩者有的時候弄不好就會導致家庭戰爭——爸爸媽媽吵架、孩子也會跟父母吵架，陷入一個很焦灼的矛盾之中。但是在這個焦灼的

矛盾之中，只要想一想是不是用關愛可以融化？所以師父就介紹了觀功念恩。我們可以每天或者一週兩次一個家庭會議，在家庭會議大家都聚在一個桌子前，或者坐在沙發上，然後大家可以觀功念恩。比如說可以表彰一下這一週每個人對家庭的貢獻、心靈的成長，還有每個人美德的成長、自律性的成長。因為一個人的成熟跟他的自律有直接關係，不管多大，如果自律性不高的話，似乎還沒有成熟。我們是永遠需要慈悲和智慧對我們心靈的灌溉的，所以師父在這裡邊揭示了這兩個問題。5'25"

比如有的人特別特別希望得到別人的關愛，在心裡就特別特別想要關愛，但是是否會忽略對智慧的追求？還有一種情況，我們會特別特別希望小孩可以明辨取捨，在明辨取捨的時候，可能我們就教導得過分嚴厲，或者完全是理性，甚至是教訓的觀點比較普遍，就顯得關愛不足。這個時候可能有一些小孩就會逆反，因為他會覺得：見到你就教訓我，我做什麼都是不對的，你都不滿意！你都一直讓我做到一個很高的標準，我做什麼你都不開心！還有的小孩會變成一輩子努力就想要得到父親或母親的歡喜，他一直為此努力，也一直為此不安。6'13"

所以父母那一方面，還有子女這方面，各自有各自的焦灼，

但是無非是關愛和理性、智慧的調配，所以師父在這裡邊巧妙地提出了這個問題——我們是這兩者都需要的。把這兩者最完美地融合在一起的就是佛菩薩，他們既有利益眾生、饒益眾生純潔無染的大悲心、菩提心，又有著最淨潔的、最徹底的智慧。這兩者達到究竟的完美結合，就是佛陀！6'47"

所以不管我們現在在一個什麼樣的次第：或者我費盡心機想讓小孩教育得很好，可能事與願違；或者有些小孩他會覺得我費盡心機努力，希望得到父母的讚賞，但是還是好像對我不滿意。不管我們在怎樣的過程之中，我們都必須去理解，在內心裡找到父母親對我們關愛的那個點，藉以溫暖自己，也溫暖整個的人生。因為這樣的話，我們才會在跟他人溝通啊，或者在這一生的努力之中，一直都感覺到父母的關愛是伴隨著自己的。7'25"

既要關愛，又要智慧的提升，這兩者在學《廣論》中，我們會不停地學習。我看到很多父母親非常辛苦地學習，他們要學習怎麼樣跟小孩相處，甚至小孩很大了還是有相處問題。這個相處問題就涉及到內心的種種習氣，有的時候父母的風格和孩子的風格是不一樣的，比如父母是很快的，小孩是很慢的；有的是反之。不管怎樣，大家都透過學習不停地擴大自己關愛對方的角

度，看到對方很努力的那一點，或者理解對方的感受，藉以息滅彼此的誤會、瞋心，乃至悲傷、孤獨感等等。8'11"

如果我們能夠不停地在內心中努力地去關愛他人，提升自己心靈的溫度、關愛他人的廣度，而且在關愛他人的智慧上也努力地提升，這樣的話，從家庭開始，慢慢地溫暖一個人，然後慢慢地溫暖周圍的人。8'30"

在這一小段裡，師父非常自然地把大悲心、菩提心和智慧融合在一起，然後舉一個在家庭裡邊的例子，讓我們感覺到實際上這都是我們生命所需要的，就是——慈悲和智慧。因為如果沒有這樣的一個例子，讓我們靠近去觀察和思考的話，我們會覺得慈悲和智慧是很高遠的，是佛菩薩才具有的功德。9'00"

師父的這一小段蘊涵的哲理還是滿深刻的，這裡邊可操作面也是比比皆是。比如說敬老事業呀、教育事業呀等等，在這一小段可以去鑽研很多很多。總之，師父用一小段，表述一個非常深邃的、非常深遠的，對我們人類教育體系的一個看法、一個見解，或者他的教誨。9'28"

講次 0064

線上音檔掃描

我們下面再來聽一段。

　　前面上說「遊戲」，這個地方遊戲不是我們現在的沒有什麼事情玩玩，這個不是！所以這個經論上面告訴我們的「菩薩清涼月，遊於畢竟空」，他這個菩薩有無邊的智慧的光明，為什麼叫像月亮一樣呢？這個太陽曬在身上，唉呀，讓人家熱得有點受不了！這個月亮啊光明，照在身上就給人家有個清涼之感。他不是像聲聞一樣地停止在那裡不動的，而他是有種種方便，種種方便遊化這個世間，所以叫「遊於畢竟空」，以智慧扶持，所以儘管他有種種事業，是不受染污，這個遊戲是這個意思，就是教化眾生的意思來說。1'05"

日常老和尚開示音檔起訖：2A 20:28～21:29
2015年版手抄稿頁/行數：1冊 P43-LL3～P44-L3
2016年版手抄稿頁/行數：1冊 P43-LL3～P44-L4

以前在廣論班的時候，有的時候聽一小段，我們會重複地聽師父的帶子，有的時候會聽七、八遍，有的時候還聽過十二遍、十四遍、十七遍等等。所以如果你們覺得沒有聽明白，可以把師父的帶子再重聽一遍，因為我在講的時候可能只有放一遍。1'30"

在反覆重聽師父的一小段的時候，我們總是發現：有一些同學會落掉師父要講的意思。還有的，他非常認真地聽，聽一遍，我說：「這段有這個意思，有聽到嗎？」他說：「欸？沒有哦！」他落掉了。然後重複一遍再給他聽，又落掉了。最高紀錄是有一個同學重複聽了十二遍，他都會落掉同一個部分，到那個部分不知道為什麼就沒有聽到。後來又特別指出，說：「這一段，你要把剛才落掉的這一小段把它聽出來！」結果我說聽了十七遍就是那個同學，他把它聽了十七遍，然後終於聽到了。後來他自己就慨歎，說：「啊，業障啊，業障！為什麼我總是在每聽一遍的時候就落掉這個部分呢？」這是一個非常非常值得思考的問題。2'21"

在「現化遊戲無量土」，師父著重解釋了「遊戲」。師父說：遊戲不是我們現在沒有什麼事情啊到處玩，這個是區別於世

間的。這個「遊戲」，在藏文裡是「戲舞」的意思。師父就講了這個偈子，說：「菩薩清涼月，遊於畢竟空。」這裡邊就提到了智慧，智慧像月亮一樣照在身上，給大家有清涼之感。聽到這裡的時候我們可以反思一下，首先「遊戲」，會不會想到小時候的遊戲？遊戲是孩子們最投入的，如果一個小孩哭了，給他一個好玩的東西，他馬上就會忘記，然後甚至臉上還掛著淚珠，就開始歡天喜地的遊戲了。這是那個遊戲。3'17"

談到遊戲，就一定要提到「樂在其中」，所以佛菩薩度眾生戲舞的時候，他也是一個「從樂趣勝樂」的美妙的旅程。菩薩在無邊的世界化現無窮無盡的身體，用種種方便利樂有情的時候，他自心是樂在其中、是很歡喜的，甚至歡喜越來越增廣、越來越增廣。3'44"

那麼對比我們來說，當我們承擔一個事業，有一個名頭掛在我們頭上，要涉及到很多問題——僧團、法人事業呀等等，涉及到方方面面的事情，那能感覺到承擔這些事情的時候越來越快樂嗎？如果自己越來越熱惱的話，那肯定不是師父所歡喜的。所以在承擔每一件事情的時候，就要考慮：是我自己在承擔嗎？還是師父的願力、佛菩薩的願力、眾生的善根力，令這件事顯現，而

我只是在其中集聚資糧，給我這樣一個美妙的機會，讓我能夠練習我的發心、練習自己的持戒？所以要感謝一切參與到這個福德和智慧偉大事業中所有的人。4'41"

如果常常念茲在茲都不失去正念的話，我們會知道所顯現的一切、好像從境那方面出現問題的一切，實際上都是自心對這個境界的安立出了問題。當我們感到熱惱的時候，不是一定在境界上出了什麼不順心的事情。可能還有一種考慮是：事情是那樣的，但是一定會產生熱惱、一定會產生苦悶嗎？一定會產生焦灼嗎？或者一定會產生孤獨感嗎？或者一定會產生瞋心嗎？5'18"

在承擔事情的時候，我們會發現自己的執著，因為特別特別在意、特別特別想辦成這件事情，所以當過分地執著這件事的成功，總是想：「啊！等到它成功的那一天，我可能就開心了！」這樣的話，可能你就會忽略成辦它的過程中所出現的那些很絢麗的、最難忘的事情，因為我們一直盯著成功。這樣的話，其實我們就沒法活在當下，甚至每一天都過得匆匆忙忙，甚至是非常浮躁的。5'52"

比如說發心，每天《廣論》研討之前都有一個發心，如果匆

匆忙忙地發心,而且對發心沒解其味,久了之後它就變成一種形式,變成不入心的;再久了之後呢,就唯恐自己成為教油子。因為知道了很多道理,可是卻沒有拿它來修心,修了很多年之後,反倒對佛法退心了。這一定是自己的修持方法、用心方式有問題,因為上師們並不如是。6'21"

在承擔很多法人事業,或者法師們在僧團裡承擔,比如說在五大論進程中所有的法師們,他們要學藏文、然後必須背書,因為不背書上辯論場就沒得辯。在辯論的時候,大家都要上場,比如說給你十五分鐘時間,你的辯論必須要滔滔不絕。而且對方是沒有套好招的,就是抽籤決定,你遇到誰也不知道,他看了多少書其實你也不甚了解。所以在辯論場上的遭遇戰,對每個人來說都是很新奇也很刺激的!如果不善於調解內心,都把它變成是一種壓力、一種焦灼的話,那學習經論的過程中就會變得很累。但是如果我們上辯論場的時候,很期待對方出現精彩的理路,或者自己雖然想好了一個思路,因為認真地祈求佛菩薩,在那一刻,感受到佛菩薩的加持的時候,對於同樣的一段文義,我們會有很多重的理解,甚至更深入的理解,突然產生像火花般飛躍的、燦爛的思路。當這種思路產生的時候,你知道它照亮了自己,你知道很欣喜地會遇了這個思路。7'36"

　　但是如果我們一直沉甸甸地考慮成敗，一直計較著成敗的話，我們就不能全心地領會到佛菩薩的加持。在那一刻，我們和自己的辯論並不能合而為一、全身心地投入到自己的辯論——整個宇宙就只有我和對面那個跟我辯論的人，甚至到最後，就好像我自心裡的兩個聲音在彼此辯論一樣。所以那可能在某種程度很激烈，但它是一個寧靜的、非常廣闊的、非常非常專注的一種辯論。8'07"

　　一旦我們不停地去樂在其中，感覺每一場辯論都是一場加持，又讓我清涼了一些熱惱。這樣的話，整個學修的過程，就是充滿期待、充滿發現的。然後你會不由自主地熱愛這個過程，期待在辯論場上遭遇到更強悍的對手，甚至強悍到他足以把我打敗、甚至打敗得落花流水，這樣我回去才會去想，才能夠起死回生。如果自己無法起死回生，我必須求教於佛菩薩，就像阿底峽尊者在辯論的過程中，他會回去祈求度母，祈求完之後，去辯論就會很厲害。8'45"

講次 0065

線上音檔掃描

　　如何學習佛菩薩，把教化有情的事業變得像遊戲無量土，全部樂在其中、歡喜無比，是非常非常需要注意我們的學習方法，乃至發心。如何去除很多壓力、很多不必要的焦灼、孤單感、無助感？當我們感到無助的時候，如果你沿著無助的思路去想就會越無助；不如想一個辦法如何去解決這個無助，一、二、三……，次第是什麼；其中重要的一點，就是向佛菩薩祈求；再一個，向知道的人去詢問，找出方式，然後去解決這個無助。總之，待在那裡一動不動、無助，和去找很多人問方法，肯定是後者對我們來說比較積極、比較樂觀。0'44"

　　不論在辯論場上，或者在園區承擔的老師啊，或者在園區學習的學生，甚至在法人事業，在各個行業的廣論班同學，大家都需要學會去擺脫壓力、學會去令自心成長。當我們不停地令自心

日常老和尚開示音檔起訖：2A 20:28～21:29
2015年版手抄稿頁/行數：1冊 P43-LL3～P44-L3
2016年版手抄稿頁/行數：1冊 P43-LL3～P44-L4

成長的時候，就會感覺到其實我的苦樂並不只是源於正在發生什麼事，而是源於這個事情帶給我什麼啟示、什麼成長。1'13"

　　一旦我們的心，朝著悲心和智慧的成長方向去努力的時候，我們就會覺得其實日子過得還是滿殷實的，因為我收穫許多、我成長許多。看到自己成長許多之後，當然就會有歡喜——雖然不能說像佛菩薩那樣，產生遊戲無量土這樣一個不可思議的境界，但是至少會在其中發現亮點、發現希望，破冰、破無助、破孤單感、破不知所從、破虛度人生！至少我會在每天每天的這種承擔和修行中看到盲點，看到盲點也是一種發現，然後再去想法突破盲點，又是一種發現。一個發現，接著一個發現……大家知道一個偉大的發明，通常都帶給我們無量的喜悅，那麼我們對自心的一個成長和發明，也畢竟會帶給我們自心的清涼或者幾許雀躍，所以這個過程還是非常美妙的！2'16"

　　師父在這一小段裡一直啟示著我們：「遊戲」這兩個字，在每天的承擔中，要想到令自己成長、令自己的心靈愉悅。你說：「啊！那令自己的心靈愉悅，會不會是沒有利他？」利他的時候不一定是苦哈哈的。如果一直是苦哈哈的，能堅持多久呢？我們就會感覺到累得不行了，或者已經沒有辦法了。所以內心的成長

還是要特別特別關注的，一旦我們在內心中不停地感受到佛菩薩的加持、師父的願力的攝持，我們就不會在承擔事業的時候過分地膨脹個人和自我，而忘記了團隊的付出，忘記了每個每個廣論學員、每個每個出家人，在這一期建立教法中他所做的那種非常稀有的努力。我們就會發現我們真的是很大的一群人在成辦學習《廣論》，乃至由學習《廣論》所生出來的很多自利利他的事業。3'15"

那麼自己在一個很大的群體之中，涉及到人際溝通，涉及到我所承擔的事情方方面面的，就沒有像自己一個人那樣那麼輕鬆。正因為不輕鬆，所以我們才會去尋覓一個簡單的辦法，就是怎麼樣活在當下！當下是什麼？正視發心，如理聽聞，認真地將所聞的法義校對內心，結束之後再好好地回向。聽起來好像很制式化、很次第井然的一個聽聞佛法的過程，但是正因為質對了、量對了之後，我們才能夠產生如量的覺受。所以不一定要等待非常美好的明天、一切都圓滿的時候，我們才能體會到快樂，在每一節課上好的時候，我們就會快樂。4'03"

在每個承擔的事業中，甚至在非常艱難的時刻，怎麼去透過種種艱難體會稍許的輕鬆呢？還是要想一下：這種艱難是事項本

身的艱難，還是我把它安立為艱難？那麼它不艱難的是什麼呢？因為有指導原則呀、有修心原則啊、有很多戒律的明文規定、有師父的教誡……。一旦拿法來數數地校對內心、校對這個方向，我們就會不停地覺醒心中的良善，或者長養心中的善意。一旦我們的善意越來越擴大、越來擴大的時候，我們就會發現：真的有誰對立嗎？真的有很多敵人嗎？真的有很多好像我無法面對的嗎？一旦心裡開朗、遼闊，發生一點小小的矛盾，我們試著從這矛盾中找到自己的盲點去提升的時候，我們的心就獲得了喜悅。4'59"

所以我想說：在每一步、每一步的承擔之中，確實都離不開智慧的觀照——觀照我在幹什麼？我在說什麼？我在想什麼？是不是沿著善業的方向、沿著淨化煩惱的方向？還是沿著膨脹自我的方向、沿著以自我為中心的方向？如果我們常常拿法來校對自心的話，自然會越來越明利。注意！明明白白、非常地犀利，是對自己的。對他人呢？觀功念恩啊、慈悲呀、寬恕啊、理解呀、溝通啊、和平啊，擺脫那種暴力的思考、暴力的語言，或者暴力的心念，是我們非常必要的修行！5'44"

所以在這裡邊，師父說：「菩薩清涼月，遊於畢竟空。」慈

悲和智慧的美妙融合，在面對著無量無邊的事業的時候，菩薩都能用「戲舞」的方式來完成不可思議的這些事業，這是一件多麼值得期待的事情，所以我們一定要好好地學習！6'04"

線上音檔掃描

講次 0066

　　請大家把《四家合註入門》翻到五十七頁，然後我們看一看
《四家合註入門》裡邊對於這個偈頌的解釋。在仁波切的講記裡
邊，說在這個《廣論》中，有開示深廣兩種道，就是《廣論》含
攝甚深和廣大兩種道，所以宗喀巴大師頂禮其中的傳承上師。那
麼甚深、廣大二道的傳承到底是怎樣呢？前者就是兩者之中的甚
深道，也就是深見的傳承，是由文殊菩薩傳與龍樹菩薩；後者就
是廣行道──廣行派的傳承，由慈氏傳給無著菩薩，就是彌勒菩
薩傳給無著菩薩。這裡邊講了主要是傳承深見、廣行兩種傳承，
仁波切還介紹了一種加持派的傳承，或者說偉大行派的傳承，是
文殊菩薩傳給寂天菩薩的，所以總共有三種傳承。1'35"

　　那麼，在這個偈頌裡邊說：「是無等師最勝子」，所謂
「無等」就是「沒有匹敵」的意思。因為一切的佛陀都對我們的

日常老和尚開示音檔起訖：無

2015年版手抄稿頁/行數：無

2016年版手抄稿頁/行數：無

四家合註入門頁/行數：1冊 P56 LL7～P58 LL6

釋迦佛「❸讚如白蓮」，所以說是無與倫比的，沒有什麼可以跟他匹敵的。2'00"

　　為什麼讚美釋迦佛像白蓮花一樣？那麼取白蓮的什麼精神？如果在綿綿細雨的時候走在橋上，然後去看一朵水中的白蓮花，會發現它在水波中非常非常地聖潔和出塵。當你非常認真地凝視著它的時候，其實心裡也會感覺到清涼，所以用「亭亭在水中」等等，有很多人讚美過白蓮花。但是善知識說這個白蓮在印度是非常非常少見的，大多是紅蓮花，所以讚美白蓮就是取它「稀有」的意思。一般蓮花都給我們一種聖潔的、很出塵的、很清涼、無染的一種感覺，但這個白蓮，它取稀有的話，就取釋迦佛的發心非常的勇猛和聖潔，為了五濁惡世的我們來這個世界示現成佛。師父以前給我講過說：「聽說有一種蓮花叫王蓮，說是大如車輪。」當時我還問說：「是葉子大如車輪，還是蓮花？」師父說：「是蓮花。」但是後來四處去問，說是只看過那個蓮葉大如車輪，沒有見過蓮花大如車輪的。如果有一種蓮花大如車輪的話，那真是太稀有了！3'35"

　　所以這裡邊讚美釋迦佛，為了度化五濁惡世的我們，我們在這個世界就是煩惱又重，又非常地苦，壽命又很短，他完全不在

143

意這些，可能正是由於這些難以想像的痛苦，他就縱身躍入這個輪迴的大海，來這個五濁惡世度化我們。所以這種勇猛的志向、勇悍的發心，就像白蓮花一般稀有。所以十方的諸佛都一齊地讚歎，所以叫「無與倫比」，是「無等」這個解釋。4'20"

那麼「師」，這個「師」字是指「導師」。是「◎修正所化相續故為導師」。這位導師他要教什麼呢？就是他的學問或者他的智慧能夠去修正、淨化所化機的相續。那麼「修正」什麼？就是滅除所化相續中的一切煩惱。能開示這個方法的人，就稱為「導師」。所以「無等導師」，就是無可匹敵的導師佛薄伽梵。那麼，從他的語教所出生的最勝子，荷佛一切事業擔的最勝子，「是無等師最勝子」，這個「子」非指一般的父子，是形容從佛陀的語教中所出生的弟子，而且他前面還有個「最勝」。5'30"

什麼叫從佛的語教所出生的？我們都知道，我們從哪裡來、我們的家世背景，就會帶著那個家世背景的一些文化的色彩、習慣，或者說很多很多的傳承都在這個背景裡邊。那麼這個「最勝子」是從佛陀的語教所出生的話，就是他的心續為佛陀的語教浸透，完全是從佛陀的語教中所出生的。所以他的身語意所顯示

的,即是佛陀教證二法的功德。看看這幾個字——「是無等師最勝子」,讚美了佛陀,又讚美了他最殊勝的法王子。6'24"

這個最殊勝的法王子,他的功德事業到底是什麼呢?說:「荷佛一切事業擔」,佛的什麼事業呢?就是「隨應調化十二相事業」,調化有情,令有情離苦得樂。這個最勝子,將所有的佛陀的擔子圓滿地擔荷起來了,這兩位就是彌勒菩薩和文殊菩薩。6'52"

講次0067

線上音檔掃描

　　說：「現化⑬種種情器遊戲無量土」，在原文裡說：「現化遊戲無量土」，如果師父沒在上一篇中清晰地標示出「化現無量無邊的身體」，其實我們看到「現化遊戲無量土」，不會想到化現那麼多身體的。我們可能會想像說：啊！佛菩薩，會飛呀！然後會飛到一個世界又一個世界，在無量的世界裡飛來飛去，然後度脫有情。我們不會想到他同時會化現無量的身體，在無量的世界同時做著利生的事業，我們肯定會有先後的，先這個、再那個、再那個，但是他是同時「現化⑬種種情器遊戲無量土」。0'45"

　　這裡邊，注意！「器」，仁波切解釋說青山、岩石、樹木；「情」就是指屈伸俯仰的有情，這就是「種種情器」。菩薩會顯現變化種種情，我們是可以理解的，比如說化現不同的身體呀，

日常老和尚開示音檔起訖：無
2015年版手抄稿頁/行數：無
2016年版手抄稿頁/行數：無
四家合註入門頁/行數：1冊 P56 LL7～P58 LL6

有不同的化身去度脫有情；但是如果說化成器的話，就好像很難想像。但是在《入行論》裡，大家還背過吧？說「**求島即成島，欲燈化為燈**」。就是你想要燈的時候他就化現成燈、希求得到島的時候他就化成島。那麼人們為什麼要燈呢？可能是想要光明、想要溫暖、想要方向。為什麼想要島呢？可能有很多理由。總之，會「**求島即成島，欲燈化為燈**」。用這種種情器，來遊戲度脫有情。1'55"

那麼用各種化身遊戲無量的佛土，到底要做什麼？成辦有情的利益。然後「⊕**戰勝四魔**」，這個「四魔」，就是指煩惱魔、五蘊魔、死魔，還有天子魔。因為消滅了自己相續中的一切四魔，所以稱之為勝者，「阿逸多」就是不敗尊的意思。另外，對彌勒還有一個尊稱叫「⊕**紹勝尊**」，是指成為佛薄伽梵的繼位者，就是如同往昔導師世尊成為兜率天的主尊那樣，紹勝尊就是阿逸多，也是彌勒，會是下一尊佛。2'40"

在這裡邊，宗大師讚美佛陀和他最殊勝的法王子，因為在無量的佛土化現無量的身度脫有情，荷擔了佛陀所有的利生事業，因此禮敬文殊菩薩和彌勒菩薩。3'04"

　　在談到禮敬佛菩薩這一點，師父其實常常強調一定要去思惟佛菩薩的功德，思惟佛菩薩的功德之後，我們的內心會有所轉變。比如說去佛前禮佛的時候，是不是每一禮我們都是發自內心的頂禮？還是禮佛禮久了，有的時候匆匆地像完成一件事一樣，趕快去禮佛，禮佛完就離開了？當然匆匆禮佛一下比一忙起來就不禮佛要好的多，但是既然都禮佛了，最好養成到佛前身語意三全都能恭敬。為什麼身語意三全都能立刻恭敬禮佛呢？要調伏自心、調伏我慢；另外，說：「禮佛一拜，罪滅河沙」，有很多很多的功德！3'54"

　　所以如果能在二六時中、每天抽出時間，甚至一天抽出好多時間去禮拜佛菩薩的話，修習這樣的善妙之業，對我們的暇滿來說，也真是難能可貴的。希望每一次大家去禮佛的時候，如果你發現心很散亂、很難專注，或者心裡在拜佛的時候沒有一種感動，或者沒有一種轉變——拜佛前、拜佛後沒有轉變，這樣的話，可能需要稍稍抽點時間思考一下佛陀的功德。因為像彌勒菩薩和文殊菩薩，只要就其中的一項功德，比如說化現無量的身，在無量的佛土、無量的一切世界度脫有情，荷擔了佛陀這樣的事業，其實單單想一下，我們還是會很震撼的。這個時候，我們合掌一禮，或者小禮拜，或者大禮拜所累積的善業，應該是比那種

不思考馬上去佛前拜佛不知道要大的多少呀！5'03"

　　這就是師父在《廣論》裡常常講到的，用思惟力轉變內心。師父說怎麼能讓我們的內心開始轉變呢？就像推一個石頭一樣，思惟它的勝利和思惟不這樣做的過患，一個是前面的拉力，一個是後面的推力，這兩個力加起來，就會令我們的內心產生轉變，而修行也就是讓我們內心轉變。比如說見到佛菩薩很麻木、完全沒有感覺，這樣去禮佛，禮久了之後，那修行從何建立呢？可能慢慢沒有感覺了，而沒有感覺、沒有進步，其實就會倒退，因為最初我們來禮佛的時候，還是很虔誠的。所以常常在學教典的時候，比如說學《廣論》，在講到佛菩薩功德的時候，甚至你把這個偈子背會了，常常念一下，就到佛前的時候念一下，一邊念、一邊頂禮。以前我們講過三十五佛，去禮佛的時候一邊念、一邊頂禮，這都是非常非常美好的一個修行。6'07"

　　請大家要銘記這兩位殊勝的法王子，在我們的修行生涯中對我們的深恩啊！就是為我們詳盡地解釋佛陀的教法，否則佛陀的語教，比如說《般若經》到底在講什麼，沒有這些不可思議的大菩薩為我們講解，我們是很難很難明白的。用自己的心去揣測佛的意思，可能都相差十萬八千里，甚至一出門方向完全是反的。

所以對我們的深恩，非常地難以回報，值得我們好好的修行、銘記在心！所以以一切的身語意至心地頂禮「是無等師最勝子，荷佛一切事業擔，現化遊戲無量土」的文殊菩薩和彌勒菩薩。
6'59"

講次 0068

線上音檔掃描

　好！我們現在就看下一個偈頌：「如極難量勝者教，造釋密意瞻部嚴，名稱遍揚於三地，我禮龍猛無著足。」0'20"

　那麼再繼續下去，也是另外兩位菩薩。那個兩位菩薩一個是龍樹菩薩，一個是無著菩薩，也同樣代表了智慧跟方便，一個是深見，一個是廣行；一個是大智，一個大悲。

　如極難量勝者教，造釋密意瞻部嚴，名稱遍揚於三地，我禮龍猛無著足。

　這個說，那麼佛為什麼他的教法好好的，佛不是最圓滿嗎？為什麼還要他的這兩個人來教導呢？這地方我們有

日常老和尚開示音檔起訖：2A 21:29～23:04
2015年版手抄稿頁/行數：1冊 P44-L4～P44-LL3
2016年版手抄稿頁/行數：1冊 P44-L5～P44-LL2

一個疑問,可能;或者你們根本提不出問題,實際上這是個問題。我們說教化不是佛最好,為什麼還要菩薩?就算菩薩嘛,十地菩薩最好,為什麼還要更等而下之,而是龍樹、無著?因為彌勒菩薩、文殊菩薩他們都是等覺菩薩,而他們下面龍樹、無著兩位菩薩是初地菩薩。這為什麼一個一個要這樣地下來呢?這裡是一個問題,那麼在這裡我先簡單地說明一下。1'58"

在這一段,師父先提出了一個問題。師父說可能我們根本提不出問題,然後師父說:「實際上這是個問題。」這句話有兩種理解,就是實際上師父提的這個問題是個問題:「佛陀教得好好的,為什麼還要跟他的殊勝的法王子學呢?」這個問題是個問題;還有一個問題是「根本提不出來問題」是個問題,因為很多很多人學,就是聽,聽了之後,可能是不習慣提問題嗎?還是沒有餘暇去提問題,就是聽?2'41"

其實能提出對經典的問題,然後再沿著自己的問題去尋找答案,常常就是我們能夠趣入經典的一個很好的方法。比如現在學五大論的時候,每節課都要辯論,對一個問題的定義、界限、範圍,有的時候因為兩個字的辯論題就有好多好多,講了好幾頁。

因為你就這個問題反覆地討論——上課的時候聽善知識為我們講了一遍，下課的時候又對這個問題進行閱讀，又去想自己的思路、去聽別人的思路，然後上辯論場的時候，又跟別人真正地去碰撞彼此對這個問題的看法，有的時候你自己想完了之後，覺得：「哎！我的思路可能是天衣無縫了。」但是可能學了辯論很多年之後，這種感覺大概很少出生了，你會覺得不管想得多麼周全，別人總能在你的思路中給你一個「因不成」，或者「不周遍」。3'42"

在這裡邊，師父非常善巧地啟發我們要善於提出疑問，然後要善於去追尋它的答案。為什麼我們還要跟佛的殊勝的法王子學？這一點可以列為我們的一個疑問。但是我還想問大家一個問題，師父說：為什麼還要他的這兩個法王子來教導呢？師父用了「教導」兩個字。其實在聽師父的帶子的時候，我常常會留意個別的幾個字，比如說在這裡邊用了「教導」，所以在談到龍猛和無著菩薩的時候，師父會認為他們是來教導我們的。我想同學在看到這個偈子的時候，會想說：「哎！龍猛菩薩、無著菩薩有什麼樣的功德呀？我們很想要了解他們的功德和修行的事蹟。」但是有沒有從一個他是來教導我的這樣的善知識的角度，去了解龍猛和無著菩薩的功德？或者我到底要跟他學什麼？他為什麼要來

教我？4'52"

　　師父在示現上，處處都會顯示著謙恭地、勤奮地學習佛菩薩，所以他在字裡行間常常流露出強烈地想要學習慈悲和智慧，儘管我們會覺得他已經具足了不可思議的慈悲和智慧的時候，他還是這樣示現著向一切佛菩薩學習。甚至在師父的每一篇日記裡，都是寫著：「頂禮佛菩薩」、「請佛菩薩加持」、「請佛菩薩賜教」，全部都是！而且他的那個稱呼都寫「弟子」，非常非常地虔誠。5'29"

　　一旦我們養成提問題、想要去尋覓答案的習慣，就是在思考的一個狀態，這樣的話，我們對我們的身心正處在的狀況，其實也會養成一個觀察思考的習慣。比如說，哎！我們發現我的心裡有點不太對了，或者有點不滿，然後你就觀察一下：首先要知道自己有點不滿的情緒，那麼對什麼不滿呢？是對某個人不滿嗎？然後會想到：哎！今天好像他也沒有做什麼對我不滿的事情，那麼為什麼看到他心裡有點怪怪的呢？然後觀察，就會發現可能是某一天他做了什麼事情，那件事我當時好像沒有感覺到什麼不舒服，這件事就過了。可是偶然的一天，見到這個人之後，那件事好像沒有明顯地浮現，但是卻有一個不太舒服的感覺。這個時候

154

你就會發現那個習氣呀！那個觀過的習氣呀！當時可能心力很猛，這個觀過的習氣就沒有特別明顯地打擾自己。但是某一天當你心力有點弱，或者這一天早晨沒有認真地提正念、發一個強烈的誓願說：「啊！我今天要把我身心上現出的一切煩惱全部都降伏掉！」當我沒有以這樣強猛的誓願開始的時候，欸！那天過去那個境，它又回來了，回來之後你發現它還是打擾自己了。其實這也是對身心的一種觀察和探索。6'59"

一旦探索到我們內心的問題的時候，我們首先是不會肆無忌憚地覺得這是別人的錯。還有一點，我們會很耐心地去尋覓這個煩惱的習氣，它的累積是不是源於那天我沒有好好懺悔？或者我今天對我的心，防護力不是很嚴？或者我早晨起來沒有認真地發心——「我希望我一切的身語意的行為都能夠利益他人，而不是以自我為中心、看他人有沒有對我好，我要練就用我的一切三業來饒益我所見到的一切的人，甚至沒有人的時候，我的心念也要那樣去想著利益所有的如母有情，做什麼的時候都要有這樣的一個意樂？」7'47"

常常養成一個提出問題，然後去探索問題的習慣，這樣我們的心就不會沉在一種情緒中、一種感受中不能自拔，覺得就是那

155

樣。反過來思考、再反過去思考，從很多的角度去注視這件事，尤其是從所學的教理來注視我們的相續正在發生什麼事情，就是要對我們的心有一個覺察，其實這件事是滿重要的。8'15"

講次 0069

線上音檔掃描

　　在跟師父學習的過程中，覺得師父非常非常善於去啟發弟子思考，因為師父常常會提問題，我們也會對師父提問題。在提問題的時候，師父一個答案回來之後，大家就覺得：「是、是、是。」實際上師父更喜歡師父的答案回來之後，我們再問一個問題回去，師父再回答，然後再問。不停地對一個問題從各個角度、甚至是縱深式的探討的時候，會發現師父是非常非常開心的。因為我自己從小就是一個愛提問題的人，常常會害怕是不是提太多問題了？比如說我常常問師父說：「師父，一直提問題、一直問問題，這樣會不會說話太多了呀？」然後師父就說：「唉呀！不會呀！不會，只會嫌你說得少，不會覺得多。」我可能一天中就要問好多次：「師父，我會不會問得太多？」師父永遠都會認真地回答我說：「我不會嫌你問得多，只會覺得問得少。」這個對話我們要重複好多次，但是師父真的是很開心。我自己也

日常老和尚開示音檔起訖：2A 21:29～23:04
2015年版手抄稿頁/行數：1冊 P44-L4～P44-LL3
2016年版手抄稿頁/行數：1冊 P44-L5～P44-LL2

喜歡別人提問題，不知道諸位班長呢？在班級裡會不會也喜歡別人提問題？初學者他的心裡一定是有很多疑問，把這些疑問掃除了，才能夠建立真正的信心。這樣的信心才會非常地牢固。1'26"

所以新同學在提問題的時候，尤其是也不知道是什麼就問問題的時候，我比較希望大家是不是開明一點？如果自己不知道怎麼回答，就是回去想一想，或者去請問法師等等，不要一下子就讓別人問不出來話了。我們廣論班裡有沒有規則──新來的人不能提問題？沒有吧？希望我們現在的廣論班能愉快地討論問題，每個人能夠拋出內心的想法：「你對這段的經文是怎麼想的？」「你遭遇到的問題是什麼？」大家在一起討論。當那個熱烈的氣氛出現的時候，其實人們不會走神，或者覺得無聊，或者覺得這個班沒有任何的吸引力。2'08"

因為問題牽著他的心，有的時候早晨也會想這個問題，上課之前也會想這個問題，甚至二六時中有點閒暇時間，他就開始想、開始探索。一旦他的心緣著佛菩薩提出問題，或者緣他「生從何來、死向何處去」，研究這些問題的時候，其實一些煩煩惱惱的事情，有的時候就不了了之了，不會一直想要把那個煩惱的

事情一定要弄得你對我錯、爭出個是非來，為什麼？他想節約時間，然後來探討一下自己生命中認為比較重要的問題。2'46"

所以，等到學五大論的時候，那辯論場上的問題就可想而知了，就是整場都是拋問題，然後大家討論問題，甚至每一個理路的每一個關節這樣延伸出去。有可能你前邊是辯得很順的，然後忽然一個小地方出了問題，一下整條理路都毀了。所以說你開始建立的宗和最後跑出去的，如果稍稍有一個不謹慎，立刻就被對方發現，然後你的所有的理路可能當時就被廢掉了。所以非常嚴謹地考驗我們的思路、考驗我們探索問題的深度，甚至我們對教典學習的廣博與寡少；甚至我們勤不勤於思考？我們思考的方式是單一化的，還是多向化的？我們思考是敏捷的，還是沒有那麼敏捷的？我們做這些思考和辯論的時候，是為了想要贏別人，還是為了學習？向一切能夠學習的事上學習？3'49"

其實學習也是一種能力，這種能力就是習慣從學習的角度去獲得對生命非常有益的智慧，和很多很多的學問，甚至人品也是要學習的，每個人身上可能都有一個我做得不足、他比較好的地方。所以我們在廣論班裡可以廣泛地去看一看，就學習的觀點去向人家學習，其實這個人生是非常非常富足的，因為你會向你路

過的這些人學習，看看他們現在為什麼能做得好呢？就是過去生非常努力地修行，所以這輩子他顯現為比自己超勝，那就去學習呀！4'29"

一旦抱著學習的心態的時候，其實很多事情我們會關注於我內心的善業的成長，或者智慧的成長，或者說慈悲的成長。一旦關注到這些問題的時候，我們就從人我是非的那個牢籠裡慢慢地脫出來，很多事情都會去考慮：哎！這件事我成長了沒？我令他人成長了沒？如果發現成長了，我們身心受點苦惱啊，這個過程還是必然的。我們就不會特別特別在意我所受的苦，我苦了多久？我卡住多久？而對方說什麼了？又怎麼樣、怎麼樣……我們就對這些，給它一個定義——這是我成長的一課，所以最後就會得到歡喜和感恩。為什麼呢？因為我們想學習。為什麼想學習？因為生命的種種不滿，都跟自己對於境界的顛倒安立、對自心的模糊沒有去觀察、對教理沒有做深入地探討是有直接關係的。一旦我們想法去學習的時候，在一切境界中、在跟人相對的時候都要去學習，使我們的這顆心處在一個非常警覺的、非常活潑的一種狀態，然後我們會發現每天都好多收穫，每天都看別人怎麼那麼多優點呢？看自己也會看到優點，也會看到缺點，但由於我愛執的原因，通常都會看到很多優點，缺點看不到。或者說有的人

太執著自己的缺點,而弄得自己完全沒有力氣反擊這個缺點。這都是我們在修行的時候要從學習的觀點、從學習的角度出發,認真地完成每一天的修行。 **6'07"**

所以師父在整本的《廣論》中,甚至在他自己二六時中的行持之中,為我們示現了一個勤奮學習的好的榜樣。這點我也是深深地感恩師父,在我的生命中,還有在很多很多廣論學員的生命中,給我們上了如此如此深刻的一課、一課又一課。 **6'32"**

講次 0070

線上音檔掃描

好，那我們再來聽師父講的下一段。

　　佛法本身，它除了如理、如量以外，還要一個條件，所謂「次第」。對我們來說，應我們的機，這個很重要的，應我們的機，很重要的！就是說我們的機如果是已經到了佛地了，他就現佛身來救我們；如果說我們大乘，他就以大乘的行者，然後大乘當中又有種種的差別；小乘，以小乘的。這個就是我們修學佛法過程當中的次第。那麼最上根利智的人，他以最圓滿的方法來接引他，所以佛出世的時候第一部說的是《華嚴》，那個是最圓滿的。可是這個時候，不要說我們根本完全不在那個地方，就算看看佛世時候的公案，大智如舍利弗坐在這個華嚴會上，聽《華嚴經》是如聾如啞，聽得不曉得他說些什麼東西，我

日常老和尚開示音檔起訖：2A 23:04～25:55
2015年版手抄稿頁/行數：1冊　P44-LL2～P46-L3
2016年版手抄稿頁/行數：1冊　P44-LL1～P46-L4

想這個公案我們大家都知道。這一點，我們雖然信得過佛，可是不一定體會得到這個心情。我們現在不妨用一個眼前非常簡單的例子一說，我們就可以體會得到。1'40"

這一小段，大家還記得吧？師父說：佛法本身，除了如理、如量之外，還要一個條件，就提到了「次第」兩個字。這個次第，師父就接著說：「應我們的機」，說是很重要、很重要的！2'00"

像在〈觀世音普門品〉裡邊也有說：「**應以佛身得度者，即現佛身而為說法**」，應以怎樣的身得度者，觀世音菩薩就現怎樣的身為他說法。師父說：「我們雖然信得過佛，可是不一定體會得到這個心情。」經典裡講說佛菩薩是怎樣應我們的機給我們說法的，會比喻成一個慈母的心。比如說一個非常非常愛護小孩的母親，在小孩嬰兒的時候給他吃什麼，從很小的小孩、小小孩到稍稍大一點，她會不停地調整他的食譜，他的食物是一直在變化著的、變化著的。為什麼呢？因為慈母疼愛著這個幼兒，雖然很想把世界上所有好吃的都給他吃，但是他沒長牙的時候，你是不能給他吃很多東西的。2'55"

　　所以，在提到應機的這個問題上，會很感念佛菩薩的恩德。佛菩薩體恤我們在生死中的這種痛苦，在學習佛法這條路上還是剛剛起步，就像嬰兒和小孩一樣，所以他要給我們調治出什麼樣的法味才是適合我們的次第、應我們的機的呢？比如說師父為什麼會選擇用這樣的方式來講《廣論》？師父的日記完全不是這種風格，很顯然師父寫日記的時候是他自己習慣的一種風格，就是半古文式的，而且文字非常地簡潔，有的時候就兩個字，比如說「共勉」，還有「以此為戒」。但是在講《廣論》，師父所採用的方式就是非常長篇的，給我們講故事啊，會講得特別特別耐心。當時有一些同學開始聽師父的帶子的時候，會認為師父就是這種風格。其實師父應該不是這種風格的，他的日記應該才是他的風格。3'58"

　　師父的日記是不給別人看的。像有一天，我早晨去禮拜師父，給師父磕頭，但師父通常都不讓磕頭。去敲門，師父說：「進來！」然後我就進去。進去之後，發現師父坐在桌前寫日記，我就走過去說：「師父，您寫日記哪！」然後師父就用手把他寫的日記都蓋起來。我就說：「師父，可不可以給我看一下？」師父說：「日記不能給人家看，因為日記力求真實，這是寫給自己的。」然後我在師父旁邊說：「師父，那我看一行，行

不行呢？」後來師父就用書把上面擋上了、下面也擋上了，就留出那一行字給我看了一眼。我看完了之後，師父當時對我說了一句話，他說：「你不要急，這些都是你的！」當時我沒太留心這句話，只是很注意看那一行字到底是寫什麼、很著急，因為師父上面也擋著、下面也擋著，我害怕讓師父擋久了，我就迅速地看了一眼，其實看完了，現在我都不記得了。4'57"

為什麼講到了這一點呢？師父為了我們這些漢族的弟子能夠在心裡無礙地接受文殊的教法，其實他是想了很多很多辦法的，包括想了一個他可能不是很習慣說法的方式，就是為了應我們的機，他用這種方式講。結果一講呢，很多人就對《廣論》開始產生好樂心了，甚至是相見恨晚，甚至十幾年、二十年、三十年，就是這樣子專心地學《廣論》，這都源於師父當時對我們那個善巧的接引。一旦沒有這樣的方式給我們講，怎麼可能這麼多居士會發心學這樣一部論呢！而且學完了之後，還會發心學很多論，因為《廣論》裡有很多經典。5'42"

所以師父對於這點，他說：關於這種心情啊，不一定能體會得到。就是母親對孩子的心，孩子是否能體會得到呢？可能很多時候是體會不到的。但是母親不會因為孩子體會不到，就不用這

樣的心去對孩子；正因為體會不到，她會更加善巧地想各種辦法，來教導這個小孩成長。這真是佛菩薩的悲心所在啊！6'10"

好！現在我們來聽下一段。

　　譬如今天我們坐在這個地方，大家研究這部《廣論》。不一定啦！就是不妨說最起勁、最高興的一部論，我們大家每一個人，啊！聽的也好，講的也好，歡喜得不得了！假定說現在帶一個其他的不相干的人來，他跟佛法不相應，坐在那個地方的啊，他聽得是一點味道都沒有，唉呀！不曉得你說些什麼東西。這是一種例子。那麼更另外一個例子，譬如說今天是有一個很大的宴會場合，這個宴會場合有很多大人物出現，各式各樣的大人物出現，我們有機會去參加。結果我們如果說帶一個小弟弟，或者帶一個小孩子去，那個小孩子去了以後，如果回來的時候你問他：「欸！今天你參加了一個盛大的宴會，你看見了什麼啊？」他說不定會說看見巧克力糖。「還有沒有啊？」看不見，不曉得看見什麼，那些陌生人不曉得什麼！可是另外人就看見：哎喲！當代第一類的這個大政治家、大學者發表了不起的言論，哇，覺得這不得了！這我想我們都

有這個經驗吧！那為什麼原因？下面這個才是真正重要的。7'36"

上一講師父講了應機，從佛菩薩的那一面，佛菩薩一定想應我們的機；但是從學的人的角度，可能很難體會這種心情。所以師父為了讓我們體會一下，從我們學的角度怎麼樣去體會這個機的問題，然後師父講了這個故事。這個故事分兩個：一個是在討論我們特別喜歡的論的時候，一個不相干的人，他沒有學過，進來聽的時候一點味道都沒有，因為他不知道在說什麼，完全不了解、沒有興趣！8'12"

後面的例子就很生動了，這可能大家都有體會。比如說你特別特別小的時候，去參加一個宴會，那只注重什麼呢？小孩最注重的應該就是吃的。小朋友可能都會去過宴會吧！像我小的時候也去過，我是被安排到小孩兒那一桌，那一桌全是孩子，可能二十個孩子、三十個孩子在一起。小孩在一起幹什麼呢？比如說菜上齊了之後，大概小孩都是喜歡吃丸子吧，很快就被吃光了。有一些小孩可能夾不到菜就自己哭了，因為喜歡吃的這一盤很快就什麼都沒有了。小孩哭了的時候，大人就過來管我們。8'52"

　　然後有幾個大人發現我的碗裡是空的，因為菜太遠就夾不到了，等到我去夾的時候就不見了，所以就沒吃到什麼。結果有一個阿姨就對我非常好，把我抱到大人那一桌，給我碗裡夾菜。我的習慣是先把不喜歡吃的吃了，然後把好的留在後面。這個阿姨就給我夾了一個菜，我是不太喜歡吃的，所以她夾完之後，我就先把那上面吃了。阿姨一看我把它吃了，立刻又把那個菜再給我夾一遍；我又把它吃了，然後她再夾一遍；我又吃了……其實我不喜歡吃那個，因為我想把不好吃的先吃了。結果那個阿姨以為我是另一種類型的，就是先把好吃的吃了，所以那一天我整場都在吃不喜歡吃的東西，但是我也沒講，反正那一餐飯就那樣過了。9'43"

　　你看！我也是參加了一個很大的宴會哦！我就只記得那個阿姨一直給我夾一個我不喜歡吃的，我吃了很多我不喜歡吃的東西，我喜歡吃的就一直蓋在碗底，都被阿姨新夾的東西蓋住。你看我就記住了這件事情，這麼大了還記住這件事情，可見小的時候對吃的真的是很在意。10'05"

　　師父用這個故事來點出應機的這件事。其實「應機」就是你注意的點是什麼，你有沒有特別在乎的那件事，那件事可能就是

佛菩薩會點撥我們的一件事情，就是你曾經對這件事很強烈地串
習的。10'24"

　　所以在這一小段，師父提出了一個問題，說：為什麼那些大
人物、大學者，發表了了不起的言論我們都沒在意，我們只看到
了巧克力，為什麼呢？這用小孩的故事講了一個觀察點的問題，
就是在乎的點，為什麼你會在乎這個呢？當然一個孩子為什麼在
乎？因為他小，好像理由就沒了。但是涉及到機的時候，我們就
會思考：為什麼我只相應這個，他只相應那個、他又相應那個
呢？師父在教我們探索這個問題。10'59"

講次0071

好！那再聽到底為什麼呢？聽聽師父解釋下一段。

《華嚴》上面說得很清楚，就是我們在因地當中啊，是本來沒有對這件事情認真地修行過。為什麼不修行？因為你一開始的時候你沒有這個好樂心，你也不往這個裡邊去深入，這個我們心目當中不相應，為了說明這個，所以我剛才說那個公案。反過來說，譬如說我們現在，假定說你出家了，久修上座，那我們就今天早上我們討論我們吃的問題，就很有趣！有的人是偏向於這方面，可是反過來另外有一種人，他就覺得：啊，這個東西都是妄分別，是越簡單是越好；有很多人啊，的的確確剛開始他不習慣，總希望多一點，那意見差得十萬八千里。所以說，如果說非常簡單的，一看見了很豐富的內容啊，他看了覺得頭

日常老和尚開示音檔起訖：2A 25:55～27:13
2015年版手抄稿頁/行數：1冊 P46-L4～P46-LL3
2016年版手抄稿頁/行數：1冊 P46-L5～P46-LL3

痛，不曉得選哪一個好？好，隨便有一點算了！這個就是說，各人自己喜好習性所使，這樣。1'25"

所以師父又舉了《華嚴經》，說我們在因地當中，本來對這件事上沒有認真地修行過。為什麼沒有認真修行過呀？因為一開始的時候就沒有這個好樂心，所以他沒興趣；沒興趣，怎麼可能在這件事深入呢？就沒法深入。那麼這一生，我們對某些事情有興趣，是哪來的呢？很顯然是串習來的，因為我們的生命是一個生生相續的過程。師父在這裡邊讓我們觀察：我們自己對什麼比較好樂、對什麼不好樂？如果對一件事情不好樂，而那件事情恰恰是我們應該學習的話，可能就要培養自己的歡喜心。2'09"

接著師父又舉了一個例子，說是在討論食物到底要怎樣才比較好，有的人就希望多一點，有的希望簡單一點。比如說在我們好幾百人的僧團，有年輕的、有年長的法師們。年輕的法師們可能就喜歡吃鹹一點啊、油一點，然後年長的法師——其實說到年長的法師，我們僧團三十多歲的法師都就比較年長了——他們常常說：「唉！我已經是一個老僧人了，要注意一下，要吃一點少油、少鹽的。這個身體還要用來弘揚佛法，要修行的！」可是小孩子可能就會喜歡吃甜的呀！所以在討論甜的、鹹的、油的，和

少油、少鹽這個比例問題。2'52"

但是在討論的時候，我們往往特別相應於哪一點的，就會對哪一點特別執著。你看師父用一個笑著的方式，他會覺得：欸！這個都很自然的，因為你相應多的、相應少的，都很自然的，就顯示出你的習慣。師父對這一切好像在欣賞一樣，沒有捲入這個風暴，是在欣賞。為什麼呢？因為在觀察我們的根性，看我們各自的習氣。3'18"

在一場討論會中，其實你很容易就會看到大家的喜好，看到他的習氣。看到他的習氣幹什麼呢？不是討厭他或者喜歡他，而是看看用怎樣的次第來引導有這種習慣的修行者，才會讓他少受一點苦，然後很快地學習到。3'39"

最後這一段，就是由師父笑著在說，在研究到底是多一點、還是少一點的食物比較好的這個問題上，可以看到師父對我們的歡喜心吧！師父以前都說鳳山寺所有的法師都在他眼前。他坐在他的佛堂裡想一想，所有鳳山寺的法師都在他的心裡。然後我也在師父的日記裡看到師父對法師們會稱為「子啊、子啊」，很親切的一個稱呼。4'12"

　　我們會想：師父喜歡我們嗎？在菩薩的一個功德裡，說：
「接引有情如大賓」。像最尊貴的客人一樣，佛菩薩對有情是這
種心思、是非常地歡喜他的。為什麼呢？就像一個母親喜歡他的
獨一愛子一般，這樣地欣賞著這個孩子。比如說有的人到善知識
面前不願意講話、不願意提問題，為什麼？說：「我這問題太笨
了吧！」其實你不用擔心善知識會嫌棄自己，對我們顯現的各種
習慣、各種喜好不同，他其實就像母親養育我們一樣，就是怕我
們營養不良啊、怕怎樣怎樣，會調配很多法的食物，讓我們這個
法身慧命好好地成長。 4'59"

　　我也看到師父在開會的時候，跟一些居士討論法人事業，那
時候師父也會聽很多居士報告。一些居士的報告其實滿長的，但
師父都非常歡喜地聽每一個細節。對法人事業呀、對園區啊、對
我們在各個道次第上、在各個領域中努力的這些弟子們，師父他
的眼中還有他的教誨中流露出那種滿滿地歡喜、滿滿地讚歎。有
的時候做對了，師父說：「哎呀，謝謝你！謝謝你！」師父說
「謝謝你」的時候，非常地有力、非常地熱忱。直到現在，師父
那種燦爛的笑容和那種有力的承許，還是我們生命中一股強大
的、精進的力量。 5'43"

　　這一小段，師父是從學的角度讓我們體會一下，自己為什麼會是這樣的機、那樣的機，喜歡這個、不喜歡那個。但是如果是放在整個道次第上的話，會發現對某一種法類，我們就很容易想；對某一些法類就覺得：欸！找不到感覺。這就是對某一些法類過去生沒有好好地修行，所以正是要在那個法類上好好地用功。但是卻偏偏是自己喜好的，就拼命鑽進去；對於那種不足的，有的時候就避開了它。在一向連貫的道次第中，我們是一定要拾級而上、次第而上，不可能跳過自己的那個次第。6'23"

　　所以在善知識的指導下，能夠面對自己修行的難點、困境或者不解的地方。跟著善知識好好地聽、好好地探索，有了《菩提道次第》之後，不管是什麼樣的機，都可以在《菩提道次第》中找到自己的次第。而且最初善知識們都說，一定要從最初的道次第一起往上走，無論是中根的、利根的，還有屬於普通根的，都可以一起進步。所以像一條大河，這條大河養育了你、我。感恩師父！7'01"

講次 0072

好！我們再聽下面一小段。

> 因為這樣的關係，所以就顯出不同的次第，拿我們來說我們的根性，就是這樣。所以當越到後來教化那個教法的時候，自然而然演變分化成功這麼多的次第，這我們要了解的。所以譬如像《法華》上面講，不管任何情況你接觸到了一點佛法，最後都成佛，可是的確你進來的有你相應的路子，有很多是智慧入，有很多是以慈悲方便入。
> 0'42"

好！剛才這一小段，師父有強調：為什麼會有這麼多不同的次第？因為我們的根性不一樣，自然分化出這麼多的次第。師父接著說：我們要了解的，就像《法華》上面講的，不管任何情況

日常老和尚開示音檔起訖：2A 27:13～27:52
2015年版手抄稿頁/行數：1冊P46-LL2～P47-L2
2016年版手抄稿頁/行數：1冊P46-LL2～P47-L3

下接觸到一點佛法，最後都成佛。我曾在師父的日記中，看到師父有抄《妙法蓮華經》，有這樣幾個偈子，它是在《妙法蓮華經卷一·方便品》說：「佛自住大乘，如其所得法，定慧力莊嚴，以此度眾生。」「乃至童子戲，聚沙為佛塔，如是諸人等，皆已成佛道。」後面還有一段寫：「於諸過去佛，在世或滅度，若有聞是法，皆已成佛道。」1'50"

這一段《法華經》就說：就像一個小孩子，他為了遊戲，用沙子做了一個佛塔，這樣都會成佛道。所以，我們對於佛法稍稍接觸到那麼一點點，在其中做了一點善根的話，就會有將來成佛的因緣，或者有人以此就成佛了。你說他的次第是從什麼地方開始的呢？他就是從一個小孩做遊戲開始。像前幾天這邊下大雪，有的小朋友就用雪堆了一個佛塔。當時我就想到：啊！聚沙為塔的童子戲也可以成佛。他用那個白雪做了一個白色的塔，還很大。所以每個人在佛法裡種善根，或者從什麼樣的次第開始契入，都是不一樣的；但就像百川歸為大海，最後都會成就佛道，所以這是非常非常有希望的一條路。2'54"

師父在這裡邊說：一開始接觸，到最後都成佛，但是的確有各自相應的路子，有很多是智慧入，有很多是以慈悲入。師父非

常重視誦《般若經》，師父每天必誦《般若》！不論飛到哪裡也都帶著《般若經》，他在很累的時候，甚至生病的時候，都是堅持誦《般若經》從來不間斷的。據說宗大師也是這樣的，現在我們團體裡也有很多人堅持誦《般若經》。3'25"

在《大般若經》的第二分，有一個〈經文品第三十六之一〉，這裡邊我講一小段天帝釋跟佛陀的對話。其實《般若經》是很親切的，它都是寫了佛陀的弟子們跟佛陀的對話，就像師生問問題，比如說學生問問題、老師回答，是一個探討真理的過程。3'50"

在《般若經》這裡邊說：「爾時，佛告天帝釋言：憍尸迦！若善男子、善女人等教贍部洲諸有情類，皆令安住十善業道，於意云何？是善男子、善女人等由此因緣得福多不？天帝釋言：甚多！世尊！甚多！善逝！」佛就跟天帝釋說：「憍尸迦」──是天帝釋的名字，這個是從梵語翻譯過來的，梵語是「Kauśika」。然後說：「若善男子、善女人」，注意喔！佛陀稱他的弟子都是說善男子、善女人。說：「教贍部洲有情類」，為什麼叫贍部洲？就是有一棵贍部樹。這些有情有多少呢？是無量無邊喔！說：「皆令安住十善業道」，他們都住於

十善業道了。然後說：「你的看法如何呀？這樣的善男子、善女人，因為教贍部洲有情類安住於十善業道的原因，他們所積的福報多不多呀？」天帝釋就回答說：「甚多！」「哎呀，太多了！非常多呀、非常多！佛陀，這是非常多的！」5'05"

接下來在經典上這樣寫：「佛言：憍尸迦！若善男子、善女人等，書寫如是甚深般若波羅蜜多，施他讀誦，若轉書寫廣令流布，是善男子、善女人等，所獲福聚甚多於前。何以故？憍尸迦！如是般若波羅蜜多祕密藏中，廣說一切無漏之法。」然後佛說什麼呢？佛說：「憍尸迦！若善男子、善女人等」如果「書寫」，就是抄《般若經》，抄完了之後「施他讀誦」，把這個抄的經送給別人，讓別人開始讀誦《般若經》。還有「若轉書寫」，然後又請別人再抄，這樣地「廣令流布」，就是你抄完了給別人讀、讀完了再抄、抄完了再讀，廣令流布。這樣的善男子、善女人所獲的福聚，比之前那個令南贍部洲的有情都安住於十善業道這樣的福，「甚多於前」，就是多非常多、非常多、非常多！注意哦！抄經送給別人、請別人讀，然後又抄經、又讀……，就是這樣的一個善業，比教無量無邊的有情安住於十善業道要多那麼多的福報！6'33"

　　然後佛陀就說：「憍尸迦，這是為什麼？」佛陀自己回答了。不知道天帝釋會不會回答，總之佛陀自己回答了。佛陀說：「如是般若波羅蜜多祕密藏中，廣說一切無漏之法，諸善男子、善女人等於中已學今學當學。或有已入今入當入聲聞乘法正性離生，漸次乃至已正當得阿羅漢果；或有已入今入當入獨覺乘法正性離生，漸次乃至已正當證獨覺菩提；或有已入今入當入菩薩乘法正性離生，漸次修行諸菩薩行，已證今證當證無上正等菩提。」7'26"

　　佛陀是怎麼回答的呢？佛陀說：「為什麼抄《般若經》，然後送給別人讀，然後再抄、再讀，廣令流布的善男子、善女人所做的福報，比令贍部洲的人安住於十善業的福報還多那麼多，這是為什麼？」說：「憍尸迦，因為這樣的般若波羅蜜多祕密藏中，它有一切無漏之法。」一切無漏之法都是什麼法呢？這些善男子、善女人於這個當中，已經學的、正在學的、將要學的，或者有已入、今入、當入聲聞乘法的正性離生，就是聲聞乘的見道——預流果吧！然後漸次乃至他進入阿羅漢果，這都包括喔！還有獨覺乘法的現證空性，還有已證獨覺菩提。還有什麼？菩薩乘法的登地，就是現證空性，然後「漸次修行諸菩薩行，乃至已證、今證、當證無上正等菩提」。這裡邊包含了三乘所有的

妙法，令一個補特伽羅成佛所有的這樣的無漏之法，所以《般若經》才如此地殊勝！8'41"

　　大家現在看完這一段之後，你們會不會想：啊，那這樣的無漏之法到底是一些什麼法？所以佛陀就自己回答了。其實你看《般若經》的時候，你會想問一個問題；然後問完問題，佛陀就在下面答。雖然你沒在般若的法會裡面，在讀《般若經》的時候，讀著、讀著你就會發現，佛陀好像知道我們現在的人讀《般若經》心裡會有什麼問題。當你問一個，佛陀就回答。9'07"

　　你看！佛陀就說了：「憍尸迦！云何名為無漏之法？」什麼是無漏之法？然後佛陀就說：「謂四念住乃至八聖道支、四聖諦智、三解脫門、內空乃至無性自性空、如來十力、四無所畏、四無礙解、大慈、大悲、大喜、大捨、十八佛不共法及餘無量無邊佛法，皆是此中所說一切無漏之法。」看看《般若經》裡包含了這麼多的法！大家都知道我們在學習教典的時候，會把這些法到底是什麼一個一個地解釋出來。9'44"

　　師父非常非常歡喜我們能夠讀誦《般若》。你看！它所累積的資糧哦，是這麼廣大！所以我們都定期有誦《般若經》的法

會，而且聽說有一些居士也發願讀誦《般若》。大家如果有發願讀誦《般若》的，還是要繼續讀誦下去；如果沒有發願的，也可以發願讀誦《般若》。10'07"

講次0073

線上音檔掃描

　　在解釋了什麼是無漏之法之後，佛陀接著又講。在《般若經》上的原文說：「憍尸迦！若善男子、善女人等，教一有情住預流果，所獲福聚，猶勝教化一贍部洲諸有情類，皆令安住十善業道。何以故？憍尸迦！諸有安住十善業道，不免地獄、傍生、鬼趣。若有安住預流果者，便得永脫三惡趣故，況教令住一來、不還、阿羅漢果、獨覺菩提，所獲福聚而不勝彼？」0'48"

　　這一段是說：如果一個善男子或者善女人教一個有情住在預流果，他教一個有情住預流果的這個福報啊，勝過教化一贍部洲的有情都安住十善業道。注意喔！這個人數是差得太懸殊了，他教一個有情住預流果所獲的福報，比教贍部洲所有的有情都安住在十善業道的福報還大！1'16"

日常老和尚開示音檔起訖：2A 27:13～27:52
2015年版手抄稿頁/行數：1冊P46-LL2～P47-L2
2016年版手抄稿頁/行數：1冊P46-LL2～P47-L3

　　那我們的問題依然是：「為什麼？」佛陀又親切地呼喚他弟子的名字，說：「憍尸迦，這些安住於十善業道的有情，不一定能免掉地獄、傍生、餓鬼，不一定能免除三惡趣。但是一旦一個有情安住預流果，便得永脫三惡趣！」就是他永遠脫離了三惡趣。注意喔！教一個有情永遠脫離三惡趣的這樣一個福報，大於教化一贍部洲的有情安住於十善業道。佛陀又接著說：「況教令住一來……」教一個有情住預流果就這樣了，何況你教一個有情安住於一來，還有不還、阿羅漢果，還有獨覺菩提所獲的福聚而不勝彼呢？就更勝於他了！這又是一個譬喻。2'09"

　　說：「若善男子、善女人等，教贍部洲諸有情類皆住」都住於「預流、一來、不還、阿羅漢果、獨覺菩提。」這個譬喻又大了喔！就是教贍部洲所有的有情都住在預流、一來、不還、阿羅漢、獨覺菩提，這是很大很大的不可思議的福報！「不如有人教一有情，令趣無上正等菩提。」不如教一個有情發菩提心。2'35"

　　接著問題又來了，為什麼呢？「何以故？憍尸迦！」佛陀又呼喚他弟子的名字，說：「若教有情令趣無上正等菩提，則令世間佛眼不斷。所以者何？」為什麼呢？「由有菩薩摩訶薩

故，便有預流、一來、不還、阿羅漢果、獨覺菩提；由有菩薩摩訶薩故，便有如來、應、正等覺轉妙法輪度無量眾。」說：為什麼呢？教一個有情發了菩提心，他可以勝過教所有贍部洲的有情都住於預流、一來、不還、阿羅漢果這麼大的善根，是為什麼呀？說：首先「令世間佛眼不斷」。為什麼呢？因為有菩薩的緣故，就會有預流、一來、不還、阿羅漢果、獨覺菩提；因為有菩薩的緣故，就會有如來、應、正等覺轉妙法輪度無量眾，這些都是從菩薩出生的。所以一個人發了菩提心，有那麼大、那麼大的福報！3'38"

「諸菩薩摩訶薩，皆依般若波羅蜜多而得成就。以是故，憍尸迦！若善男子、善女人等，書寫如是甚深般若波羅蜜多，施他讀誦，若轉書寫廣令流布，所獲福聚，勝前福聚無量無邊。」這個譬喻是說什麼呢？那個令有情發菩提心的福報勝過那麼多，那麼如果書寫般若波羅蜜多的人，然後書寫了又轉他讀誦、轉他書寫、廣令流布，這樣的善根勝於什麼？令有情發菩提心。這是不可思議的喔！這是不可思議的！4'17"

說：「何以故？」為什麼呢？佛陀又呼喚了弟子的名字：「憍尸迦！如是般若波羅蜜多祕密藏中，廣說一切世、出世間

勝妙善法。依此善法，世間便有剎帝利大族、婆羅門大族、長者大族、居士大族、四大王眾天，乃至非想非非想處天，亦有四念住廣說乃至一切相智施設可得，亦有預流、一來、不還、阿羅漢、獨覺、菩薩摩訶薩、諸佛世尊施設可得。」說：為什麼抄《般若經》，令他讀誦，然後轉抄、轉令讀誦、廣令流布會有這麼大的功德？佛陀說：「因為般若波羅蜜多的祕密藏，廣說一切世間、出世間的善妙法，依這個善法能出生一切，比如剎帝利大族等等，還有菩薩，還有各各天、阿羅漢，甚至諸佛世尊，才能夠施設出來。」5'15"

這一小段的譬喻就很令我們震驚了，但是不知道平常大家誦《般若經》的時候，有沒有細細地去琢磨一下，甚至把它用白板列一下。我們透過對比的方式，看看這個抄《般若經》，抄完了之後給別人誦，誦完了再抄、再誦，廣令流布，這樣的一個善根到底有多大？這是才比到這兒，還沒比完呢！後面還有很多還沒比完。上述所講的，是佛陀給我們展示的一種比喻的方式，怎麼樣去了解善男子、善女人書寫了《般若經》，又轉給他讀誦，然後又轉書寫、轉讀誦、廣令流布，這樣的功德有多大。上面是一個方式。6'03"

　　下面佛陀又再開顯了一個方式，這個方式一開始是說：「復次，憍尸迦！置贍部洲諸有情類。若善男子、善女人等，教四大洲諸有情類，皆令安住十善業道，於意云何？是善男子、善女人等，由此因緣得福多不？天帝釋言：甚多！世尊！甚多！善逝！佛言：憍尸迦！若善男子、善女人等，書寫如是甚深般若波羅蜜多，施他讀誦，若轉書寫廣令流布，是善男子、善女人等，所獲福聚甚多於前，餘如上說。」6'38"

　　這邊是說什麼呢？先放著贍部洲的有情不說，接著換多少有情了？四大洲的有情，四大洲的有情，都教化他們。你想想，我們教一個有情，讓他住於十善業道多費力氣呀！這是教四大洲的有情喔，都獲十善業道了。可是，還不如善男子、善女人抄《般若經》，送給他讀誦，然後轉書寫、轉抄、轉讀誦，這樣地廣令流布，福報不如這個多喔！7'12"

　　現在已經變四大洲，接下來在《般若經》裡邊，佛陀又說先放著四大洲不說，先說小千世界有情，也令他們安住於十善業道。又問憍尸迦說：「這個功德多不多呢？」憍尸迦說：「哎呀！很多、很多了！佛陀，很多、很多了！」然後佛陀說：「還不如他抄《般若經》，轉給他讀誦，然後又抄、廣令流布，不如

這個功德大！」7'33"

　　憍尸迦肯定說：「哇，那個功德太大了！」然後佛陀說：「先放著小千世界不說，先說中千世界……」就這樣譬喻下去。然後說：「先放著中千世界不說，先進入大千世界。」當然這中間都有憍尸迦說：「啊！甚多、甚多！真多、真多！」然後佛陀都說：「這還是不如一個有情書寫《般若》、施他讀誦，然後再書寫、廣令流布，福報不如這個多喔！」這樣譬喻下去了。然後放著三千大千世界先別說，說十方各如殑伽沙等世界；然後放著十方各如殑伽沙等世界不說，再說十方一切世界的有情，全部安住於十善業道。這個已經很難想像了，因為有情是無量無邊的，所有的無量無邊的有情都住於十善業道了。8'17"

　　我們想像說：啊！會有那一天嗎？但是佛陀在經典裡就做這樣的譬喻，就是這麼大、這麼大的善根！然後又問憍尸迦說：「功德多不？」那我們想像一下，我們如果跟憍尸迦這個天王在一起，說：「哇！那太多了！佛陀，這不可思議的功德！」結果佛陀說什麼？「佛言：憍尸迦！若善男子、善女人等，書寫如是甚深般若波羅蜜多，施他讀誦，若轉書寫廣令流布，是善男子、善女人等，所獲福聚甚多於前。」比那個還多！8'52"

線上音檔掃描

講次0074

　　上述的一種譬喻講完了之後已經夠震撼的，我們已經說了很多種不可思議了。然後佛陀又比喻了，佛陀說：「復次，憍尸迦！若善男子、善女人等，教贍部洲諸有情類，皆令安住四靜慮、四無量、四無色定、五神通，於意云何？是善男子、善女人等，由此因緣得福多不？天帝釋言：甚多！世尊！甚多！善逝！」佛陀又說：「憍尸迦呀，如果這個善男子、善女人教贍部洲的有情，讓他們住在哪呢？四靜慮喔！修定。然後四無量、四無色定喔！而且獲得了五神通。五神通有什麼通呀？天眼通、天耳通、神足通、他心通、宿命通，就差了一個漏盡通了。這五通一得到，一般都說仙人，像神仙一樣了！1'01"

　　注意！都得到這個五通喔！而且是贍部洲的人都得了，你教了贍部洲人都會上天遁地，都會飛了，那是不可思議的，全成神

日常老和尚開示音檔起訖：2A 27:13～27:52
2015年版手抄稿頁/行數：1冊P46-LL2～P47-L2
2016年版手抄稿頁/行數：1冊P46-LL2～P47-L3

仙了！我們不用有交通工具了，飛哪兒都可以，也不用輪船了，就都可以了。做了這麼大的一個善行，夠大了吧！天帝釋也讚歎說：「哇！這太多、太多了！哎呀，佛陀，這功德太大了！」然後佛陀又說：「如果善男子、善女人書寫了這個甚深般若波羅蜜多，施他、讓他讀，或者轉書寫廣令流布，這樣的福德喔，甚多於前。」比剛才這個例子多很多！1'39"

接著又出現了，說先放著贍部洲的人不說，先說四大洲的，然後往上增——小千世界的、中千世界的、三千大千世界的、十方各如殑伽沙等世界的；然後再放著不說，說十方一切世界的有情，都令安住四靜慮、四無色定、四無量、五神通，教所有的十方世界的一切有情，都得到了這樣的功德。說：「是善男子、善女人」，這樣的善男子或善女人，「由此因緣得福多不？」佛陀又問天帝釋說：「如果辦成了這麼大的事情，一切世界的有情都飛天遁地，什麼五神通全獲得了，這所有的有情都獲得了，那功德夠大的吧！」天帝釋說：「甚多！」那很多、很多、很多了，那太多了！2'28"

然後佛陀又說：「若善男子、善女人等，書寫如是甚深般若波羅蜜多，施他讀誦，若轉書寫廣令流布，是善男子、善女

人等，所獲福聚甚多於前。」儘管是這樣，這個善男子、善女人教化了十方一切諸有情類，都令他們安住四靜慮、四無色定、四無量、五神通，還不如這個抄《般若經》，給別人這樣讀誦，然後再抄、再讀誦，廣令流布，不如這樣的功德大。這樣的功德，比之前我們上述的功德要怎樣？甚多於前！比那個功德多好多、好多，非常之多！3'09"

這是佛陀在〈經文品〉中，對比了抄寫《般若經》，然後把它送給別人讀、再抄寫、廣令流布這樣的功德，跟各種比。大家可以想一想，也唯佛能做這樣的譬喻，他能夠徹底了知眾生做何種業、何種善行、有多少善根、有多少功德，他可以用他遍智的心，清晰地計算、完全無有錯謬地計算。這是一個不可思議的譬喻啊！很難以想像這樣的善根，居然是由於抄寫《般若經》，再送給別人讀，然後再抄寫、廣令流布，由這樣的一個善根，大這麼多、這麼多，很難想像的！3'52"

別小看修那個四靜慮呀！現在我們大家都知道，修個九住心都是很困難的。因為我們的散亂，現在尤其是在一個高科技的時代，大家迷惑於各種影像啊、聲音啊，能把心向內觀照、向內駐守，然後再安住於一個善所緣上產生輕安，到產生這種四靜慮，

他所費的苦心是很深的，要花很深的苦功夫喔！而且再由於修定，得到了五神通，這不是一般用功的人啊！這麼用功的人這麼多、這麼多，他所獲得的功德是不可思議地多，居然還不比那個抄《般若經》、送給人讀、廣令流布的功德大！4'39"

然後說十方一切世界的有情，就是所有的有情，也可以想像都端坐在自己的安樂坐墊上，他們全部用七支坐的方式端坐在那裡。大家都知道修定的時候，要去除散亂和昏沉，光是對治散亂和昏沉，很多人就要奮鬥好久。而且有些人在沒有聽聞〈奢摩他〉和〈毗缽舍那〉教授的時候，還不知道如何修定，還不知道找善所緣，就坐在那裡空坐，或者說享受一點身體的愉悅感，享受一點沒有胡思亂想就算了。但真正的修定，它是有非常詳盡、清晰、精確的解釋。比如說住分是多少，當你生起了住分的時候，你的明分是多少，如果明分不清楚的話，是不能算得定的。得定一定要輕安，輕安的話，明分一定要算進去。所以要詳盡地學習〈奢摩他〉、〈毗缽舍那〉的教授，才能夠得到上面所說的這些。5'40"

而且還生起了五神通，所有的有情都會飛天遁地，那個世界簡直是，應該比科幻還科幻的世界，所有的十方一切有情都變這

樣了。居然還不如抄經，然後送給他讀，然後再抄、再送給他讀，廣令流布《般若經》。至於為什麼？佛陀已經在這裡邊解釋了。6'02"

當然上述對於〈經文品〉的這個對比，我只介紹了一少部分，只是就抄《般若經》然後送給他讀，然後再抄、廣令流布這樣的功德。後面這個〈經文品〉裡邊還有，說：「於此般若波羅蜜多，至心聽聞、受持、讀誦、精勤修學、如理思惟……」這樣的善男子、善女人所獲得的功德福聚又再比。還有就是「善男子、善女人等，於此般若波羅蜜多，以無量門廣為他說，宣示開演顯了解釋，分別義趣，令其易解，所獲福聚……」又是怎樣怎樣的，後面有輾轉增上這樣很多很多的譬喻，大家可以在《般若經》中自己去閱讀。我只是抽取其中的部分、一點點，讓大家感受一下，抄《般若經》，把它送給別人、讓他讀，然後再抄、廣令流布，就這一件他所做的功德是多大的。更不要說後面的！7'12"

講次0075

線上音檔掃描

　　我還在想：寺院要有一個抄經室，抄《般若經》，在那裡邊把紙筆備好，或者你自己帶你自己喜歡的鋼筆。像前一段時間聽到一個居士他在抄《般若經》，已經連續抄好幾年了。抄經的時候，他說他覺得非常非常地歡喜！他家人說：「他抄經的時候，就一動不動地坐在那個桌子前，有的時候一抄抄好幾個小時。」他自己說他抄經的時候覺得什麼雜念都沒有，只是一個字、一個字地抄。他說他就是喜歡抄，抄的時候覺得高興極了！當時有看到他抄的經典，一行、一行的，是豎版的，非常地整齊，一個勾掉的字都沒有。他是在沒有格子的一個白紙上抄的，白紙黑字，真是莊嚴極了！他發願要把《般若經》全抄一遍，我非常非常地隨喜他，希望他能夠把它抄完。1'00"

日常老和尚開示音檔起訖：2A 27:13～27:52
2015年版手抄稿頁/行數：1冊P46-LL2～P47-L2
2016年版手抄稿頁/行數：1冊P46-LL2～P47-L3

　　你看！讀《般若經》、抄《般若經》，這也是一個契入佛法的緣起點，也可以說是相應的地方。有些人就非常非常歡喜抄經，有些人就非常非常歡喜讀經。像我們寺院裡的出家人進了寺院之後，因為寺院有五大論的學制，所以就很相應學五大論！1'21"

　　五大論是以《現觀莊嚴》為主體的。《現觀莊嚴論》到底闡示了什麼呢？它就闡示了《般若經》的隱義現觀道次第。那麼隱義的現觀道次第到底是什麼呢？就是一個補特伽羅從最初開始發心修行，到最後成佛，所有的道次第都在這個《般若經》的隱義裡邊闡述。但是如果《現觀》不講的話，我們看《般若經》可能是無法看出來的。所以學《現觀莊嚴論》，才能知道《般若經》裡邊在講什麼。1'52"

　　像《釋量論》也是闡示了《現觀》的正理；《入中論》闡示了《現觀》的正見，就是《般若經》的顯義的空性道次第；《俱舍論》詳細地辨明《現觀》的這些名相；《戒論》就闡示了《現觀》的行持。也可以說五大論的學制，都是圍繞著如何學習《般若》、學習《現觀》展開的。出家人經年累月地持守戒律，以這樣的持守戒律之身，堅持這麼多年持續地聽聞、辯論、讀誦，當

然也互相幫忙學習,都圍繞著學習《般若經》這樣的一個主軸,可以想像那會累積多麼可觀不可思議的資糧! 2'35"

我們看了這一段,也會想就是因為《般若經》中闡示了無漏之法,那麼抄經之後送給人家讀,然後再抄、再讀,廣令流布,就會比令贍部洲的所有的有情都安住於十善業道這樣的福報大那麼多、那麼多。 2'55"

到底是為什麼變那麼大的?我也曾經用這樣的問題問過上師。《入中論》闡示了《現觀》的正見,它是《般若經》的顯義空性次第。在聖天菩薩所著的《四百論》中說:「**薄福於此法,雖疑亦不生,縱雖起疑惑,亦震撼三有。**」沒有福報的有情啊,對於空性這樣的法,連疑惑都生不出一點點。那麼起疑惑的,可能是有福報的。說:「**縱雖起疑惑**」──哪怕對空性的正理產生一念合理的懷疑的話,也能撼動三有的根本!所以《般若經》就有這樣強悍的力量。你對這樣的道理去聽聞、思惟,乃至很多出家人上場去辯論,經年累月地在這樣的學習的續流之中,就算產生一念合理的對空性的懷疑,都能夠撼動三有輪迴的根本。所以可以想見這是非常稀有的善根力! 3'59"

　　所以大家如果有在讀誦、有在抄寫，乃至有學五大論的，無論是以在家身還是以出家身學習的，要對自己這樣的善根生起稀有的隨喜的心。不要覺得：「啊，我煩惱那麼多呀！學這些好像沒馬上地對治煩惱。」但是經典上可是這樣承許的哦！說哪怕產生一念合理的懷疑，都能夠撼動三有的根本喔！這是經典說的，應該是可以取信於心的。4'28"

　　無論我們對於佛陀的正理是從哪一個地方作為契入點，或者作為一個緣起能夠進入的話，《法華經》說都能夠成佛！那麼我們這一生現見的，師父開始推動我們誦《般若經》，五大論學制其實就是學習《般若經》顯義的空性次第，和隱義的現觀道次第。非常希望大家能夠努力地學習，並且好好地隨喜自己能夠值遇這樣的一個教法，不要輕易地放棄，不要覺得自己學習這些好像都沒什麼，因為經典裡不是這樣承許的。5'06"

　　如果再能自作、教他，比如你抄經、也令別人抄經，你讀、也告訴別人開始讀，廣令流布的話，我們所積累的善根啊，就比令贍部洲所有的有情都安住於十善業道那個福報要大得多啊！5'22"

　　所以看起來是佛陀跟天帝釋講的，但是也是跟所有的弟子們講的。再想一下：在這一節中，師父給我們講的，就是佛菩薩慈悲地找到一個適應我們根機的路子讓我們趣入佛教，開始進入整個顯義道次第也好、隱義的也好，讓我們進入這個學程的學習，這是多麼值得慶幸的事情！大家千萬要好好珍惜自己的善根，珍惜自己對於教法的這種信心、對於《般若》的信心、對於師父這樣子講《菩提道次第廣論》建立的一個信心。這些都是非常稀有的因緣，大家要好好地努力下去！6'03"

講次0076

線上音檔掃描

大家好！又到了我們研討《廣論》的時間了！不知道最近大家有沒有努力地聞思修啊？0'12"

前兩天有看到大家寫的聽全廣的回饋，其中看到一個居士說她要照顧生病的先生，又要照顧先生的媽媽，所以她自己就沒有辦法去廣論班，只能在家裡聽。因為有全廣的音檔，她覺得很高興，無論多忙、多累都可以堅持照顧兩個人。她說如果不堅持學法的話，可能她會非常地痛苦。0'49"

還有一個母親，很心疼她的女兒吧！說女兒回來了之後，整天在房間裡邊上網打遊戲，她很想衝進去教訓她，但是因為有聽全廣的原因，她決定還是忍耐一下。我比較建議去關注一下，因為是不是出了什麼問題、遇到了什麼困境，然後就開始把自己關

日常老和尚開示音檔起訖：2A 27:52～2B 01:52
2015年版手抄稿頁/行數：1冊P49-L1～P50-L3
2016年版手抄稿頁/行數：1冊P49-L1～P50-L1

在屋子裡整天這樣弄電腦。1'22"

　　還看到一個居士說，其實他和他父親有一個很深、很深的心結，大概是從小到大的一個心結。也是由於連續地聽全廣的原因，他說不知道為什麼他居然想開了！他小的時候覺得父親好像很嚴肅，感覺不到父親很關愛他的感覺，尤其是他生病、他咳嗽的時候。但是聽全廣之後，他突然覺得這一點他完全釋懷了，他說他也不知道是怎麼釋懷的。1'57"

　　我們生命中有一些大大、小小過不去的溝溝坎坎，其實跟別人講、去傾訴，有的時候會變好，有的時候你再想一遍還變嚴重。但是那個心結到底怎麼去打開呢？一個心事縈繞自己十幾年，就是放不下、就是想不開，道理都懂，但是就是想不開。這個時候如果去學《廣論》或者是聽法，然後在某一天的某一個時刻，你突然覺得那件事在心裡鬆動了，甚至從此你覺得這件事不會一直縈繞在自己的腦海裡邊，不會再發毒素影響著每天的生活，它真的是過去了，然後我們也真的是放下了。2'49"

　　這個過程到底是怎麼發生的呢？常常有人說：「其實我不知道，我就是在那一刻突然覺得我放下了、我想開了！」我們會認

為：是因為我聽全廣，得到師父的加持，慧力增加了，有的時候是心裡生了一點善念或者慈悲心，突然把這一切看清了。總之，在我們的生命中，如果能夠常常、甚至每天都留出一段時間來聽法，因為在聽法的時候，我們要屬意讓自己專注，所以就會把平常的那個續流切斷，專門這段時間面對經典、面對善知識的教言，開始專注地聽聞。其實這個時候，你想也想不開的那件事就沒想了。一旦我們運用所聽聞的教理，甚至在聽聞的時候感受到師父的慈悲、感受到諸佛菩薩的加持，某一個時刻就突然釋懷。所以這也是解決人類痛苦的一種方式——似乎是沒有針對那件事一直討論、好像條分縷析地這樣去分析，但是不知道為什麼，像有些人去拜見師父，出來之後他覺得一些痛苦的事情就放下了。這是一個很奇妙的經驗。4'13"

在廣論班裡我也看到了很多很多居士的生命中，都發生著這樣的經驗。很希望大家能堅持學下去，如果有狀況不能進班裡的，那在家裡邊堅持學；如果能去一起學的就一起學，一定會對我們的生命產生很大很大的饒益。經年累月，我們慢慢地會學會：當我心裡有痛苦的時候，我會去緣念法、緣念佛菩薩、緣念著善知識；一旦把我們心的所緣緣到上師三寶的時候，我們就會慢慢地感覺到清涼。這也是對付痛苦的一種方式，也是一種經

驗。希望大家多多地累積這種經驗，這種經驗對我們面對生命的很多痛苦，甚至是磨難，都是很必要的一件事情。因為我們必須訓練我們的心，怎麼樣地從煩惱的那些是是非非上移開，能夠專注於法；專注於法的當下，其實就沒有那麼痛苦了，甚至越聽越開心！5'20"

大家還記得吧？是阿難尊者吧，他生病了，然後耆婆要給他開刀。什麼時候開刀呢？就選擇在阿難尊者聽佛說法的時候去動刀，因為在聽佛說法的時候他特別特別地專注，甚至都感覺不到動刀的痛苦。我們會說：「哇，這個簡直是一種登峰造極的水準啊！」但是畢竟也是在佛弟子裡，有人做到了那樣的水準。5'50"

大家都知道《廣論》上說要緣念著佛陀，如果我們的心續能夠晝夜不息地緣念著佛陀的話，甚至到臨命終的時候，苦受莫能奪。就是那麼劇烈的死苦，其實都不能夠把我們的心完全地壓迫或者蓋住的，由於我們的內心緣念佛陀的原因。所以這些殊勝的善所緣，還有這些法，為我們生命所帶來的饒益，大家可以在聞法的過程中、在研討的過程中慢慢地去體會，自然會有一番感受吧！在自己的心上。6'40"

　　還是請大家要端正一下自己聞法的動機，就是要再再地調整：為了利益無窮無盡的有情，我們必須去希求大覺的佛位；如果希求佛位的話，就要去種成佛的因；成佛的因，就要先知道；要知道，就必須來聽法。所以我們是為了求得自他能夠早日離苦得樂，必須求得佛果這樣的一個動機來聽《廣論》。調整好了嗎？調整好了就要開始了。好，請大家開始聽！7'21"

　　這個地方的一步一步地歸敬有個原因，說明本論的這個師承，它是這麼樣下來的。那麼這個地方說明本論不偏重於智慧，不偏重於方便，所以它歸敬當中方便、智慧啊，同樣地歸敬。還有呢，要說明我現在這個論，不是針對教那些大菩薩的，而是這麼一步一步下來，你就從這歸敬上面可以看得出來。因為這樣，所以我們曉得，喔，對！論的來源是這樣，而現在他教化的對象他不是大菩薩，而是一步一步下來。我們看最後下到什麼樣的程度。8'09"

　　所以第二個說龍樹、無著菩薩，而他們兩個怎麼樣的特徵呢？「如極難量勝者教」。這個佛下來降到文殊菩薩、彌勒菩薩，但是不管那些經也好、論也好，還是非常

地深、廣;「廣」是無所不包,「深」是徹見本源。這個
東西是很無可思議,我們不是普通人,乃至於小乘的聖者
所能了解的。所以這個地方「勝者教」,這個很難思量、
思議地殊勝的教授,是指大乘教法,而特別這個地方指
《大般若》。為什麼?《大般若》是圓滿的成佛的次第,
從凡夫位到成佛的次第,說得非常清楚。9'15"

這兩段師父提出了本論的師承,說本論不偏重於智慧、也不
偏重於方便,它是一步一步來,是次第井然的。然後提出了「如
極難量勝者教」,這個「勝者教」,大家有聽到是指《大般若
經》。《大般若經》,師父說是廣到無所不包、深到徹見本源,
是非常不可思議的,不是我們這些普通人,甚至小乘的聖者所能
夠了解清清楚楚的。所以是很難思量、很不可思議的一個教授、
大乘教法。那麼這樣一個《大般若》、圓滿成佛的次第,是從凡
夫一直到成佛的圓滿的次第,是無所缺少的。那麼,怎麼樣才能
夠去了解這個教授呢?就需要祖師、菩薩為我們造論,就好像在
寫一本參考書一樣,讓我們去看明白這《大般若》到底在闡述一
些什麼。10'28"

所以這裡邊,注意!我們會聽到「《大般若》」,聽到「文

殊菩薩」、「彌勒菩薩」這些偉大的佛菩薩的名號；還會聽到「大乘教法」。這裡邊出現了「小乘聖者」、「大乘教法」……非常非常關鍵的一些詞句。大家都知道，《廣論》的傳承是源於《大般若經》的，現在很多人會請《般若經》在家裡，然後禮拜、焚香，甚至旋繞。可能也有一些讀《大藏經》的人會把《般若經》都讀了，但是《般若經》的內義到底是什麼？在裡邊佛陀要對我們宣講的密意到底是怎樣的呢？傳承祖師們就會為我們講解《大般若》、為我們造論。11'21"

廣海明月

——道次第廣論講記淺析
第二卷

2B

講次 0077

線上音檔掃描

好，接下去聽！

　　而這個雖然說得很圓滿，但是以我們凡夫、普通人去看的話我們不懂，我們不懂的！文字會懂，內容不懂，而且往往由於我們的偏見，我們往往會執著自以為懂了，結果害了，結果害了！所以《楞嚴》上面說的像「執指為月」──欸，有一個善知識指給你看月亮，結果你看不見月亮，拿他那個手指做月亮；就是沒有人深刻地說明的話，內涵我們不知道。所以這個殊勝的教授啊，要經過一些解釋；那個解釋的人，也必須要具足他相應的條件。那麼現在這兩位，能夠把這殊勝的教授造種種的解釋，把裡邊的深刻的、祕密的意趣，來教化我們這個眾生。因為得到了這個佛法的教化，然後呢這個世間才能夠轉染為淨，

日常老和尚開示音檔起訖：2B 01:52～2B 04:10
2015年版手抄稿頁/行數：1冊 P50-L4～P51-L3
2016年版手抄稿頁/行數：1冊 P50-L2～P51-L2

這個才是真的莊嚴，真的莊嚴！這個莊嚴本來是嚴飾，這樣。譬如我們房子裡面都是髒的，那麼拿好的東西……現在世間都是染污的，他用正法來莊嚴，因為他這樣，所以他「名稱遍揚於三地」。這個三地是指天上、人間或者地上，跟地下，這樣。1'42"

　　還是接著前面講的，說：因為《大般若經》太深、太廣，所以凡夫和普通人去看的話很難懂得，就算文字懂了，內容也是不懂的。而且最重要的是，前一講裡我們學過，就是有習氣呀！說根性，大家都會有自己的偏執，比如說那個宴會上的小孩，很多大人物是看不到的，他就看到他喜歡吃的巧克力。2'13"

　　這種習慣，當我們看到《大般若經》的時候，我們會看到什麼呢？還有比如說把整本的《廣論》給我們的時候，我們看到什麼呢？有的人認為修行就是打坐，打坐就是為了開悟，所以菩提心前面那些教授到禪定、智慧，就只要禪定、智慧，六度前面的可能他都覺得不需要，所以他看《廣論》的時候，就只看到〈奢摩他〉和〈毗缽舍那〉。大家可以想一想：整本《廣論》直接從〈奢摩他〉入，前面都沒有看，因為他只相應靜坐。還有的人就是比較相應〈念死無常〉，所以他對於〈皈依三寶〉啊、業果呀

也不是很重視，就專門看〈念死無常〉、看那個過患——六苦、三苦、八苦，就看這些苦。其實很多時候會忽略發菩提心，會忽略七種因果和自他換這樣的修法，甚至會忽略如何能夠正確地走大乘的路，這個都不會注意到，因為我們每個人都有各自的修行的習慣。還有的人認為：其實我努力地學經典就可以了，我不需要費盡那麼多辛苦去找老師、跟老師學。所以他就會自然地越過〈親近善知識〉教授，比如說《廣論》的前面那些，他不想要看〈親近善知識〉，他想要看到底是怎麼修的。3'42"

其實我們觀察自己學習這麼多年之後，也會發現：就算是學了《廣論》，我們還是有各自的習性。比如說一提到修行的時候，大家就會覺得可能去拜佛就是修行，那學《廣論》到底是不是修行呢？坐這兒聞法到底是不是修行呢？很多很多都有我們自己的一個習慣、自己的一個看法。然後師父說：「會執著為自以為懂了，結果害了！」甚至文字懂了，內容也沒懂。師父用了一個「以指見月」，結果是把指頭當成月亮。4'19"

在這種狀態下，我們怎麼辦呢？我們就真的非常需要一位善知識——師父說這善知識有條件的——為我們講解全圓的道次第。為什麼呢？因為我們要究竟地離苦得樂，我們不可能片面地

去了解一些離苦得樂的法，然後拿那些片面的來修。那會不會有利益呢？會的。但是因為沒有道次第總體的編排，甚至前後次第是混亂的，我們費了很多很多辛苦，而且苦吃得很多，但是不一定像我們想像收穫地那麼好，甚至浪費很多光陰，甚至前面修了會成為後面的麻煩，因為修錯了。大家都知道，一百零五塊和五塊錢那個時間和體力的付出的差別。5'04"

所以師父在這一小段，又特別強調了我們對於《大般若經》了解的現狀，因為我們種種偏執，所以非常非常需要大善知識詳盡地為我們講——其實就是傳承。這個講解，他為什麼是有條件的？他就必須依照佛陀的密意那樣去講解，不依照自己的感受或者自己的揣測，他完全是依照佛陀的本懷去解釋的。5'32"

如果依照佛陀的密意去解釋的話，那一定是得到佛陀的開許。比如說佛陀會說：「啊，這個人講的就是我的意思！」因為不能說他自己說：「我講的是佛陀的意思！」那大家就認為這是佛陀的意思；一定要有佛陀的授記。所以這位大善知識是被佛陀授記的，說他能夠確切地講明白佛陀的意思，對這一點我們是可以信任的。因為相信佛說的，佛說他能夠講明白佛陀的意思，那麼這一點是可以信賴的。6'07"

　　從這一點上來說，師父還說：這個世間是染污的，要用正法來莊嚴。因為用正法來莊嚴的緣故，因為能夠廣泛、清晰、深刻地解釋這個傳承的緣故，所以他們的名稱遍揚於天上、人間、地下。6'28"

　　好，接下去聽！

　　那麼這個是誰呢？就是代表彌勒菩薩一系廣行的無著菩薩，以及文殊大士深觀的龍樹菩薩，這是表示了它的傳承。在這印度是非常重視，其實到了我們中國也是一樣，那個師承非常重視。不要說佛法，世間學問也是如此，世間學問也是如此！很可惜、很遺憾地，我們現在末法啦！這個師承沒有。自己看看書，啊，覺得懂了！實際上差得十萬八千里，差得十萬八千里。7'13"

　　這一段師父又講了師承，師父說：印度非常地重視傳承，到了我們中國也是一樣的，對這個師承非常非常地重視。還說：不要說是佛法，世間的學問也是這樣的，比如說學中醫會講究師承，說是跟哪位、哪位名聞遐邇的老中醫學的；比如說打銀壺，一塊銀子你把它打成一個燒水的壺，這個也是要有師承。據說以

前都是給一塊銀錠，那塊銀錠要用錘子把它打成一個銀片，然後再把那個銀片打成一個壺。現在不需要那樣了，就把那個銀錠直接壓成一個銀片就可以了。據說打一個銀壺啊，手工做的，要十萬錘，還有的師傅的傳承是二、三十萬錘喔！就是一個小小的燒水壺喔！可以想見那個十萬錘錘出一個壺，這樣地辛苦喔！也可以想到它的力量，因為每一錘下去都要錘，而且還要有一些錘紋啊，有一些這樣、那樣的要求，還有美觀。甚至有的還是一體成型的，就是它那個倒出水的地方是沒有接痕的，一塊鐵片直接錘出來一個倒水的地方。都要拜師學的，手把手地教，可能要練好多年才能夠敲出一個精美的銀器吧！8'49"

像一開始問：什麼樣的壺是好的壺？那可能不漏水的就是好的壺了，因為不用講究它的造型或者款式，可能不需要去設計。但是你一旦跟到大師級的，他可能對你所有的要求都是非常嚴格的，面對他的作品有一種神聖感，他是很敬業的！你就會在跟師傅學的過程中，學到非常敬業、非常慎重，甚至工具怎麼擺都要學，一步一步都要學；甚至一進這個工作坊，你要怎麼做、怎麼做都要學。所以行家一出手，就知道你有還是沒有，你是不是內行、你是不是跟真正的師傅學過。9'32"

　　而且通常就世間學問來說，師傅也不僅僅教你一個手工怎麼去做，他會教導你的志向、教導你的人品，比如說你要打銀壺給別人的話，要教你怎麼樣跟人打交道。所以師父說這個師承啊，世間的學問如是，出世間的都是這樣的，現在也是很重視師承的！9'57"

講次 0078

線上音檔掃描

　　所以談到這一點哪，我自己內心上面有一個感受，最早以前我那個時候看書啊，曾經看過幾個公案。這個紫柏大師是明末四大師，這是個很了不起的大德，所以那個時候人家稱他為紫柏尊者，因為他的成就，他大徹大悟了。那麼他大徹大悟了以後，他自己就好辛苦啊，也參了個話頭，他起疑情。這個傳記上面說他，描寫他用功的情況——疑至頭面俱腫。這個頭面、身體都腫起來，這樣。後來就開悟了，開悟了以後他說了一句什麼話：「唉！假定我在大善知識如臨濟、德山會下，一棒便醒，何用如此這般！」那我們單單看那個傳記就這樣，好像輕輕鬆鬆的幾句，現在我這個簡單地跟你們說一下。0'59"

日常老和尚開示音檔起訖：2B 04:10～2B 11:45
2015年版手抄稿頁/行數：1冊 P51-L4～P55-LL4
2016年版手抄稿頁/行數：1冊 P51-L3～P55-LL3

　　先看「頭面俱腫」是什麼情況？我們無法想像這頭面俱腫是怎麼一回事情啊，不大曉得。那麼這個地方，我提一個，這也是現代的人，這個人將來你們有機會見到他的，今年還不到四十歲恐怕，我忘記掉了。他有一個時候他自己一個人用功，幹什麼啊？閉「般舟三昧」，閉般舟三昧。那個事情也不知十幾年了，那時候我才剛去美國回來了，回來了以後啊，他一看見我回來，就來找我，就跟我談。說他也在一個佛學院念書，我說你去念佛學院嘛就去念了。他也跟我說：「唉呀！我實在在這個地方念不進去！」我也曉得他是個修行人，那麼現在一般的佛學院裡面都弄課程排了一大堆，還要什麼英文啊，還要什麼日文，他尤其是沒有興趣，這樣。後來我就說你這個既然念了，好好地把它剩下的三年念下去。他說：「法師你回來幹什麼？」我說我回來要閉關，我就跟他簡單地……。他跟我一直住了三天，後來他就回去就開始。2'01"

　　然後呢，做那個般舟三昧，沒有人知道它。我說：「這般舟三昧，不這麼容易的，你不要貿貿然啊！」他一定要去做，那好，那既然這樣做，告訴他那個辦法。其實我也是個外行說實在的，不過那因為學過教法，大概的次

第了解一點，我就告訴他。那麼所以他回去了以後，他就寫信跟我說，我現在怎麼開始……。當然這個跑，絕對不是說，哦，我訂一個功夫一口氣，到晚上，這樣！是那麼先慢慢的次第，照著哪幾樣重要的東西。第一個，第一個就是外緣哪，這個沒有其他的路好走——一刀兩斷！那麼然後呢自己準備的功課，一方面準備功課把那個的身心調治；然後，後面開始就每天開始走。剛開始的時候試試走二小時，唉，走得覺得很辛苦，走了以後慢慢覺得就好了，開始變成三小時、變四小時，到後來慢慢地可以走到，每天走到二十小時，就這樣。這個不容易呀！你們沒走過，覺得二十個小時輕輕鬆鬆，你們走走看。不要叫你們走二十小時，就叫你們一口氣走兩小時，就受不了。3'03"

我另外一個經驗也是，那時在，就是在紐約鄉下，有兩個學生，有一個是外國人，我剛去的時候他們就修行。我說你們不要急啊，他們急得要命，我想急得要命也沒辦法啦，反正你上面那個這個大殿很空，你就去試試看。他也是弄個功課表擺在一天，第一天不知道怎麼苦熬過去，我不知道，第二天早晨一大早他說：「啊！師父，不行

了。」「為什麼啊？」「在那裡就是上半天還可以，到了下半天哪，是坐立不安，自己又說了不出來，不出來又不行，到最後熬到晚上，實在不行！」所以這是包括我自己的經驗，我周圍的人。3'45"

那麼我剛才說那個人哪熬下去，就走走走走……他第一次三個月並沒有什麼多大的效果，效果不大。但走到後來啊，他就發生了什麼現象呢？發生水腫，那個腿都腫了。要我們哪，啊，那稍微受一點苦就受不了，他那個開始一點腫，他因為已經聽說過，曉得古人的經驗，你沒有這個意志克服是絕不可能！他那個手按下去的話，按了下去手指拿掉，一個洞，就不回來了，就這樣。然後呢要半天、半天，它那慢慢又這樣，這樣地厲害法！剛開始腳，到後來那個大腿，到後來到那個下半身整個都腫了，他還是咬緊牙關做下去。那麼到了三個月沒什麼消息，好、好，休息一下再來，那第二次又來。那第二次來了情況就不一樣，就這樣。他那個時候又描述啊，到後來到二十小時以上，他說他四邊、中間都不靠的。那個佛堂那個佛像擺在中間，那走過，走過去他有的時候實在累了，累了他跑到牆壁上這麼輕輕一靠，一靠就睡著了，一靠馬上睡著

了！睡著了馬上就「咚！」跌下來，再爬起來！有的時候坐在地上想不爬起來，哦！不可以，那撐了個半天又撐了又直在那裡，不能靠到牆，一靠到牆他馬上就睡著了，這麼嚴重法！所以這個意志力，意志力啊！5'08"

在這種情況之下，但是他慢慢地、慢慢地繼續下去的話，欸，有意思，來了，境界來了！然後產生輕安，這樣，然後呢慢慢地消掉了。後來他那個輕安的、心裡的無比地清涼，實際你心裡上如果沒有的話，絕對沒這個力量支持你的。所以具要兩個條件，一個有堅強的意志力，沒有堅強的意志力是不行的；還有呢，正確的方法。有了正確的方法，照這個堅強的意志力，堅持下去。如果沒有正確的方法，正確的指導的話，他得不到真實相應的這種境界。真實相應的境界這個得不到的啊，白吃苦，沒有用，沒有用！所以他兩樣東西總算都得到了，後來身心上慢慢地消了，他感到無比地清涼啊！那個所有的世間的煩惱，這個清涼啊，無法形容的！你們真正用功，你們一定會體會到，那是種無比地歡喜。6'01"

那麼清涼到什麼情況呢？我普通可以說的就簡單說一

下。他這麼辛苦法，平常他的食量也很大，因為我們剛出家的都是啊，大家持午的人都有這個經驗，等到你開始持午沒有多久，剛開始不習慣，等到晚上多久不吃的話，欸，胃口非常好，食量很大。我們平常有那個缽啊滿滿的一缽，有的時候還不夠，還要吃兩餐，到後來他慢慢地飲食減少。他每天啊我們這個小碗，稀飯稀稀的大半碗，不能再多吃，多吃吃下去啊，而一天最難過的時候，就是吃過飯那個半個鐘頭。吃過飯那個清涼的感覺就沒有了，就這樣，然後身心都會沈重，這是第一個。6'46"

第二個好處，慢慢、慢慢地相應了以後啊，夏天這像蒸籠一樣，他還戴著一個毛線帽子，像那個盔一樣，欸，他也不覺得，不覺得熱。（今天他拿掉了，因為他那兩天才感冒。）然後到了冬天，到了冬天我們曉得這裡天氣還是滿冷的啊，他還是那個帽子，還是那件衣服不覺得冷。所以他這個真正地來的時候，不是我們說硬作的事情，就是這樣。所以我這地方我倒順便的提起來他那個公案，他做的過程當中啊非常辛苦，他一共試了三次。在這種情況之下，離開那個開悟還遠得很，還一大截啊！這樣。所以我們平常聽別人說很容易，頭面俱腫，好像一個故事，

> 如果你們自己試一試，就曉得這個頭面俱腫辛苦的狀態。
> 7'36"

好！師父為什麼要講這樣一個故事呢？說前面提到師承，很重視師承，師父說談到這一點，他內心裡有一個感受，然後就提到了紫柏尊者，紫柏尊者參話頭，起了疑情。他的傳記裡描寫他用功的狀況，就是這個疑情把他折騰到頭面俱腫。其實我們看了傳記，可能這四個字就過了，頭面俱腫之後他就開悟了。開悟之後，他說：「唉！假定我在大善知識臨濟或者德山會下，一棒便醒，何用如此這般啊！」就這樣慨嘆！8'19"

因為這樣的一個慨嘆，師父就講了頭面俱腫是怎麼樣嚴重，也說了一個現代的修行人，他修行了般舟三昧。在這裡師父講了幾個很重要的問題，一個是要想成功一件事情，要具備兩個條件：一個是要堅強的意志力，還有就是正確的方法。有了正確的方法，照著這個堅強的意志力堅持下去，就能夠成功。但還要有正確的指導，如果沒有一個正確次第的指導是不行的。8'55"

師父還講了紐約鄉下有兩個學生，他們急啊，急得要命！這個急得要命的狀態——我們有的時候都可以體會自己會進入那種

狀態，就一直想要得到自己想得到的那件事──結果就上去閉關了，然後第二天就跑出來了。為什麼？因為什麼都沒有準備。9'16"

　　而修般舟三昧的這個修行人，他一開始了解了很多，次第都很明顯，而且他非常清楚開始先走兩個小時，一點點練，後來練到了走二十個小時。但是就算按著次第來，也是很辛苦，師父講他那個腫，腫到按下去有一個洞都回不來了。9'38"

　　如果一直走，不坐、不臥，這個應該是拿出拼死的精神吧！才能戰勝那種首先是會想睡，然後腿大概是痛到不行了吧！走到極點，腰也會痛吧！不知道全身骨頭是不是都會痛？他就全都腫了，甚至靠在牆上一下就睡著了，然後會跌倒在地上，跌倒在地上沒力氣爬起來，他還要再爬起來、再走，就是這樣子。而且，注意哦！是三次，一次是九十天哦，是進行了三次這樣的訓練！所以可以想像這個修行人如此堅強的意志力！10'20"

　　最後他得到了那個境界是什麼？冬暖夏涼，都沒問題。飲食方面，吃一點點就可以了，不能吃多，因為吃多會妨礙他的那種清涼。對物質的依靠降得很低、很低，但是心裡卻非常非常地清

涼和舒適。然後師父說不僅僅消腫了，他感到無比地清涼啊！那是所有世間的煩惱好像不見了，都是如此清涼，是無法形容的！師父後面講說：「你們真正用功，你們一定會體會到，那是種無比的歡喜。」10'58"

不知道大家有沒有小閉關的經驗？閉關的要求通常要做很充分的準備。尤其師父這裡邊強調說：「沒有其他的路好走——一刀兩斷！」就是外緣。不能坐在關房裡朝三暮四，把從小到大的事都想出來了，好像坐在鬧市裡一樣，那就沒法專注在善所緣上。所以無論是閉關，無論是聽法，其實都要有一個師承、有一個善知識指導，這樣的話我們會少受很多苦。11'29"

師父用這個「頭面俱腫」的強度哦！一個修行人有這麼堅強的毅力，撐過了頭面俱腫那樣難以想像的一個難關。走不動了的時候、身體全腫了的時候，他又一直都不休息，可能有的時候會覺得自己會不會這樣累死啊？但是為什麼他能堅持下去呢？就是他有堅強的信念，覺得這樣佛菩薩一定會加持他。就這樣地把它完成了！用這個例子，講一下「頭面俱腫」是一個怎樣痛苦的過程。12'04"

像紫柏尊者就經歷過這樣的過程，然後開悟了。開悟了之後，其實他應該說：「哎呀！我終於經歷過這樣頭面俱腫的過程，開悟了！」應該是這樣的無比歡喜才對。可是他說：「如果在大善知識臨濟、德山會下，一棒便醒！」就是：我根本不用經歷這個頭面俱腫的痛苦，只要被善知識棒喝就可以開悟了！師承，可以讓我們少受很多苦，不走彎路就能夠去證悟、能夠去開悟！12'42"

我們會在修般舟三昧這個公案裡，看到在修行人、在佛的弟子裡，居然有這等精彩的人啊！他能夠拼了命地用這樣一個頑強的意志，想要去證悟佛法，而且就是我們同時代的人，真的是很佩服！13'00"

講次0079

線上音檔掃描

好！大家接著聽。

　　還有真正疑情現起的時候，那個參禪那個疑情現起也滿有意思的。到那個時候你的腦筋裡面沒別的東西，就是這個疑。假使你是念阿彌陀佛，說「念佛的是誰？」就是人家形容啊如人欠萬貫，欠了人萬貫錢一樣，那個債主逼在那裡不曉得怎麼解決。或者說你被人家倒了萬貫錢一樣，你不曉得用什麼方式，心裡老放不下要回來的那種味道。他什麼東西說打不散、搓不開，這樣啊！反正這種東西啊，所以就是說你只有正確地體會了。好辛苦、好辛苦！而且往往是經年累月地這樣來。0'48"

日常老和尚開示音檔起訖：2B 11:45～2B 12:30
2015年版手抄稿頁/行數：1冊 P55-LL3～P56-L3
2016年版手抄稿頁/行數：1冊 P55-LL2～P56-L4

　　這一小段，師父又為我們解釋一下疑情現起來的狀況——參禪的一個法門。師父學過很多法門，而且都是深入地學。疑情現起的狀況，比如說念佛，參念佛的是誰，還有參不同的話頭，到了那個疑情現起的時候，就是整個疑情和心完全地融為一體，好像怎麼也放不下，走著、坐著、躺著、睡著……，心裡全部都在想這一件事情。1'27"

　　其實到了〈毗缽舍那〉的部分，會談到對「我」的這個安立，還有對很多事物的安立的問題——就是心對境的一個安立的問題。當講到〈毗缽舍那〉的這個問題，還有學習辯論題，像出家人學《攝類學》的時候，他們也是從早到晚探討一個題。探討這個題的時候，常常一週可能也會想這個題。因為我看到我們寺院第一班的法師在學五大論的時候，老師留了一個題，如果他們全班都沒有人明白的話，那麼這一夜有的時候他們都不會睡的，大家在那兒坐著，突然有一個人破題了；他破題了之後，他就跟周圍的人討論，然後慢慢大家就可以把那個問題想出了一個思路。2'11"

　　比如說上辯論場，有的時候被大善知識問到啞口無言，什麼都答不出來，所有的思路好像全部都掉進了某個黑洞，心裡只是

一片空白。有的辯論的人，也有被特別厲害的大善知識回答一句之後，就在場上一直站三十分鐘。因為輪到他辯論的時候，他要辯完那麼長時間，可是他不知道該問什麼，就只能在上面站著，所有的思路都不見了。2'38"

　　在學習理路、在探討真理的時候，很多出家人經年累月地研習教典。比如說五大論學制建立的這個過程中，每一道題他們都想要去尋覓答案，有的時候會討論不出一個結論，甚至經年累月地沒有一個結論，經年累月地都在起疑情的這樣一個狀態，但是卻要提起十二分這樣的一個精進力，不停地去探索。3'03"

　　為什麼呢？因為探索「我」的安立非常重要。以我愛執為中心的這個苦難的淵源，幾乎可以說承包了我們生命所有的痛苦，一旦我們聽佛說了「無明」就是所有痛苦的根源，這個生死就是無明產生的，如果這個無明不破除的話，我們是無法逃脫生、死、生、死這樣的一個摧殘。所以很多修行人精進地學習佛陀的教典，在探索「我」到底是如何安立的？在心和境之間，他的猶疑、他的側重點，到底是一個怎麼樣的力道？從學習《攝類學》開始，經年累月，十年、二十年都是要鑽研這個問題。3'51"

其實也有點像念茲在茲，就是一直在心上不能忘記這個問題，甚至可能在用齋的時候、在走路的時候，甚至在抬頭看一眼天上的雲的時候，都會去想我們生命裡非常在乎的那個問題。很多人可能會對無自性的問題很感興趣，想要去探索：無自性到底是怎麼回事情？這個「我」到底是如何產生的？對這個問題，有的修行人就要探索可能二十年、三十年、四十年、五十年，從很小的時候就開始探索。像我們寺院有的沙彌就開始背《辨了義不了義》，他們從小的時候就開始接觸這樣的教典，開始思索這樣的問題。4'44"

所以師父說老放不下的那種感覺，打不散、搓不開，這是求道者的一個用功的狀態。師父說是很辛苦的，但是還要經年累月地這樣地努力下去。很禮敬這樣探索真理的修行人！5'08"

如果有善知識在旁邊指導的話，就會知道自己是在什麼境界——在風中、在雨中，還是在霧中，還是在黑夜裡，善知識都會告訴自己。比如說在學經論產生懷疑的時候，會強調說要合理猶豫，不能非理猶豫。非理猶豫再下去之後就會破壞自己的信仰，甚至會建立一些邪見、非量的東西，然後會走上了歧途。這都是要善知識在旁邊，手把手地教自己。5'40"

　　就算是自己會了辯論的理路，但是辯論的理路怎麼去伸展，才能有利於自己建立對三寶的信心，甚至建立嚴密的對教量的觀察、對內心的觀察，對很多很多定義的反覆觀察和討論。我們真正地確定一個事情的時候，是要經歷破除邪見是什麼，自宗是什麼，最後還要經過有人提問題了、又有人提問題了、又有人提問題……，然後不停地答疑、不停地答疑。6'09"

　　如果能立出一個別人挑不出一點毛病的自宗，就像玄奘大師在印度辯論，那個時候辯論的人都說：「如果你能把我上面立宗的字動一個的話，我就以頭相謝。」就是我的頭都可以給你。所以那個時候的出家人他們的立宗是用生命立出來的，因為他經歷過了太多太多的探索，太多太多晝夜反覆地、反覆地用功，精進地觀察，所以最後他成立的自宗是堅固不可動搖的。6'43"

　　所以這個時候建立的信仰，他已經經歷過了提出問題、再回答問題、再提出問題、再回答問題，而且自己提得差不多之後，他還要接受很多人對自己提問題，最終他會建立出一個這樣的自宗。一旦這樣的自宗建立出來之後，他肯定是非常難以撼動的。信仰就是這樣，是在反覆地辯論、反覆地觀察之中建立出來，在晝夜不停地聽聞、思惟、辯論、反覆地觀察中建立出來的，所以觀察修是非常非常重要的！7'20"

講次 0080

線上音檔掃描

好！再聽下一段。

　　結果啊，他說如果在臨濟、德山會下，有大善知識的話，一棒、醒了！一點都沒錯。這個善知識，這地方特別說明的──這個有善知識的攝受的重要。那麼像這種事情，也就是說平平常常啊我們自己單單憑自己的這個，不管用功也好、認識也好，都需要經過這種過來人的指點。那麼現在這個地方呢，也就是說，喏，他們兩位把佛最殊勝的東西解釋說明了，讓我們深入體會到。結果他影響所及不僅僅是我們人間，是天上、天下無所不及。佛陀在經典當中也懸記，到將來末法當中能夠振興，把我的教法如理如量地恢復的，就是他們兩位！1'12"

日常老和尚開示音檔起訖：2B 12:30～2B 13:38
2015年版手抄稿頁/行數：1冊 P56-L4～P56-L10
2016年版手抄稿頁/行數：1冊 P56-L5～P56-L11

好！在講了「頭面俱腫」，再講了「疑情」、「般舟三昧」，然後又回到了那個話題，就是傳承、善知識。師父說善知識的攝受非常地重要，因為像悟道的事情，平常我們單單憑自己，不管自己的用功也好、認識也好，師父的看法應該是：沒什麼用的，有的時候可能會起反作用，一定需要經過過來人的指點。1'52"

這幾句話其實也是師父修行的寫照。大家都知道師父是非常勇悍的一個人，他是不怕困難的。在師父的日記裡，師父寫到某一天上早課之前，他突然胃痛，痛得非常非常嚴重，這個時候師父不屈服於這個胃痛，繼續起來把該做的事做完。還有的時候會寫到師父病了，在病中，師父每天不間斷地誦《大般若經》。師父有一次生病，誦《般若經》的時候他會加大量，誦了三、四卷。因為生病的時候沒有力氣，還要加大誦經的量的話，實際上是會很辛苦的，但是在師父的日記裡還寫說他得到了無比的加持，他內心感到無比地歡喜。那時候看到身體示現的苦受，和內心感到的歡喜和清涼，好像是了不相干的樣子。2'59"

這樣一位勇悍用功的善知識，他示現的行為就是每天對自己的善知識祈求，他會認為：哎呀，修行不可一日無師啊！必須老

老實實地跟著善知識學，跟著過來的人學，因為過來人的指點非常重要！看！在《菩提道次第廣論》的講解中，他在第二盤磁帶處處強調一定要傳承、要師承，我們在修行的過程中不能過分地憑藉自己，比如說自己很用功，自己好像頭腦很靈光、思路很快。正因為思路很快，有的時候可能就想到別處去了；正因為很用功，所以幾天不見就跑得很遠，跑到哪兒？可能跑到錯道上去了。3'47"

所以在修學佛法的過程中，能有一個善知識引領我們，我們是何等地幸運！像師父在《廣論》裡，透過講一些公案啊、講一些故事啊，比如說那個修般舟三昧的出家人，他是做了充分的準備去修的，而且有非凡的毅力，還有正確的辦法，這裡邊就對比出：沒有做準備的那兩個人根本就是會半途而廢。所以當我們去做什麼的時候，我們會不會注意到條件？比如修學佛法很重要的一個條件就是：一定要找到傳承，找到傳承的善知識指導我們，而且我們要對這樣的善知識修信。這是一個必要條件，然後才能修行！4'31"

很多人在用功的時候，可能會特別習慣自己指導自己——自己想一想，比如這段時間可能在一些地方承擔，發現：哎呀！最

近煩惱越來越重，跟別人的關係也處理不好，然後就下個定義：我學了二十年《廣論》，怎麼樣？煩惱越來越重了吧！越承擔煩惱越重。他把觀察到自己煩惱重的因，歸結為學了這麼多年還這麼重。這樣一討論的話就變成：那學《廣論》對我們生命的利益到底是什麼？二十年都辛辛苦苦地學習，利益到底何在？所以這很顯然是一個非常打擊自己的想法。5'15"

我們聽一座《廣論》、聽一座法，從前行、到正行、到結行，實際上它對我們身心的饒益，應該從聞法勝利上去看，而不能說看我煩惱這麼重，所以我聞法就沒有功德，不能這樣子看。但是如果沒有善知識在旁邊提點著我們，在守護著我們、觀察我們，給我們一些及時的提醒的話，我們常常會自己做一些很奇怪的總結、很奇怪的結論。這種結論看起來是那麼真實、是那麼有理有據，而且我們都是直接有經驗的。所以學習了很久的人，就會認為：喔！學了這麼久到底有什麼用？我煩惱還是這麼重！6'00"

沒學之前知道煩惱重嗎？可能是不知道。那麼知道煩惱重了的時候，為什麼會認為是學了這麼久沒用，煩惱還是這麼重呢？也可能是自己的觀察力變明晰了，看到越來越多的煩惱。就像陽

光照進了一個屋子，我們看到了越來越多的塵埃；這個屋子如果是在地下、沒有燈的話，灰塵一寸厚也看不到，也不知道是什麼。6'28"

再一個，比如說聽聞很多年教典，算一算自己每聞一座法，它所產生對自己的利益。尤其是沒有虛度光陰這樣的二十年喔！到這個時間就來聽法，我們會累積親近正法、親近善知識多少殊妙的善業？這樣算一算是不是內心會比較歡喜？6'51"

我特別特別地發現師父會在我們遭遇的很多很多看起來沒什麼歡喜心、沒什麼收穫的事上，幫我們總結出特別特別多亮麗的、讓我們身心振奮的那些點。這些點為什麼師父能夠看到，我們看不到呢？可能這就是我們必須跟師父學習的原因。7'16"

還有比如說「觀功念恩」，觀功念恩就是對自己、對這個世界的一個視角。有一些人認為如果常常觀功念恩的話，會不會是非都混淆了？No！不會的！因為觀功念恩會讓我們減少對他人的怨恨這些負面的心思。一旦我們看看別人在我們生命中的付出，我們就會生出很多的感恩心；一旦有很多感恩心之後，我們就會感受到幸福，感受到這個團體的溫暖、家人的溫暖、朋友的

溫暖。這就是善知識給我們提供的，在林林總總的事相中，我們可能需要保持的一個觀察的角度。7'56"

　　還有我特別強調做「善行點滴」，報告善行。有些人就提出觀點，說：「欸，我要是把我的善行講出來的話，是不是就沒有積到陰德？」還有的人說：「萬一我把善行講出來，我驕傲了怎麼辦？」祕密的善行是可以做的，但是你把你的善行講出來，不是為了炫耀，而是為了供養佛菩薩、供養大眾，如果是這樣的話，應該不是為了名利心。那麼傲慢是如何產生的？傲慢是覺得自己比他人強。如果我做了善行點滴就認為我比所有的人強，那確實是傲慢。如果我自己做了那個善行，又聽到班裡的很多人都有這麼多善行，生起了對周圍人的恭敬，這樣的話，這個團隊就會在一種感動和禮敬的過程中，講述自己的善行點滴。那為什麼自己能做這樣的善行？源於善知識的教誨、源於佛陀的教誨，而且源於同行善友彼此的影響。這樣的話，我做的善行歸功於誰？就歸功於善知識和同行善友，好像自己是越來越小的，那麼怎麼可能會產生傲慢呢？9'07"

　　這些其實都是在學《廣論》的過程中，師父慢慢地幫我們養成的一個習慣。也就是一定要得到師父的攝受、師父的引領，我

們這樣在修學的過程中才能少走彎路、多集資糧，尤其是用一種振奮、樂觀的精神，在一切境界中都能夠看到希望、看到光明，也就是看到解決問題的辦法。一旦有辦法之後，我們就設法去改變，而不是在經過的事上，總結消沉、灰暗、無助。因為我們的心是有作用的，一旦我們朝向著能夠積聚資糧，能夠有所作為，能夠運用佛法、運用教理來觀察內心的煩惱，來對治內心的煩惱，我們就不會對痛苦感到無能為力。我們是可以對治它的！因為痛苦是有原因的，把痛苦的原因去掉，痛苦的果就不存在了。10'03"

一旦長久地這樣在師父的教誨中反覆地練習的話，我們就會慢慢地養成習慣，當苦現起的時候我們就會去觀察：苦是什麼？因是什麼？我還有什麼可以解決的？就不會糊里糊塗地沉在苦受的感覺裡，甚至泡了很久，越泡越深、非理作意越來越多還不知道出離，還給自己痛苦找很多理由，讓自己陷入越來越深。我們就會覺照：生命的這種狀態實際上是苦的，而且是越來越苦的，這樣方式是不對的。我們就會想起師父教我們的理路、想起：喔！在我們的生命裡，有那麼溫馨、親切、和藹的善知識，他在《廣論》裡，處處教我們如何觀照自心、如何對付煩惱；我們的生命不是孤立無援的，我們有佛菩薩、善知識的攝受！10'58"

　　如果有善知識的攝受，那麼在我們遭遇的任何境界中，比如說病苦，比如說我們的親人得了不治之症，還有經歷各種各樣的愛別離等等，在遭遇到這些事的時候，我們就不至於被這種事情粉碎。我們會想著從這種事情的打擊力上快點站起來，為什麼？因為師父說只要我們不放棄，他會陪我們走完最後一程。這條路不是孤寂的、不是獨行的，是有師父陪伴我們的！11'34"

講次 0081

　　大家好！又到了我們一起學習《廣論》的時間了！我有看你們給我寫的一些回饋，有一些同學是在高鐵上聽的；還聽到你們在旅途中、在各自不同的地方聽全廣。很隨喜大家這樣努力精進地聽聞。0'23"

　　在每一天的時光中，如果能抽出一段時間來聽師父的帶子，對我們這一天來說都是一個意樂的提策。因為我們非常非常容易被眼前發生的這些大大小小的事情牽著走，比如說：「欸！看看明天有什麼事呢？」就把手機打開看一看有誰發短信了，好像有什麼事情就趕快處理一下。這種樣子看起來，就是手機上的信息會指導我們一天的行程，我們會根據手機決定怎麼過這樣一天。0'58"

日常老和尚開示音檔起訖：無
2015年版手抄稿頁/行數：無
2016年版手抄稿頁/行數：無
四家合註入門頁/行數：1冊 P58-LL5～P59-L8

　　但實際上很多手機上的信是別人發給自己的，而自己到底要怎樣度過這一天呢？早晨起來應該提一個正念，比如說：很幸運，我又能用暇滿或暇滿的隨順這樣度過今天，那麼應該以一個大乘的發心，惜時如金，用每一分、每一秒的時光，多對正法、對上師三寶造作一些非常良善的業。因為這種業對我們的現世及來生都有莫大的好處，也唯有這種業才能夠幫助我們離苦得樂。可是如果早晨不去提正念、作意思惟的話，我們就會被旋轉在世界各地的這些信息包圍。其實光是把這信息讀完就要花很多時間，而且明天可能還有這麼大量的信息又來了！1'56"

　　那麼到底在我們的生命中，什麼事情是非做不可的，一定要排一個次序！這個在全廣前面都講過了：有一件事情非做不可的，而且那件事情直接關乎於我們離苦得樂。因為我們會發現每天都有太多事情要做，而且此生有太多的目標要完成，那麼它的次第到底是怎樣的，我們要每天提正念才能夠排序好。比如說修念死無常，才知道我們此生無論擁有多少，到了那一天都要放手；這樣的話，太強烈的貪、瞋對我們來說就很不划算，因為我們必須對生命有一個長遠的打算和規劃。2'40"

　　一旦我們早晨起來思惟一下念死，由怖畏惡趣而生起強烈的

皈依心，能夠轉動心意的話，哪怕只有幾分鐘，對我們的這一天的生命都是非常難能可貴的！而師父講的《廣論》，就會每天提醒我們，面對現在迅速迎面而來的這些事情、迅速消逝的昨天，乃至前一剎那迅速地又成為現在一剎那、後一剎那這樣迅速消逝的這個無常，到底我們的心要皈依誰？我們說：皈依上師三寶！那麼皈依上師三寶，最重要的事情是什麼？就是時時刻刻要警醒自己的三業捨惡取善。3'27"

為什麼要這麼專精地捨惡取善呢？因為惡業會帶來痛苦，善業會帶來快樂，而那個感受快樂和痛苦的就是我們的身心啊！所以我們是不能對這件事知道了卻忽略它，或者有的時候全忘了，甚至有的時候是明知故犯，被一些煩惱習氣所牽引，無法在境界面前做得了主。像這些都要在聽法的時候好好地訓練自己的心，訓練久了、訓練久了，調伏這個狂心，讓它慢慢地沿著佛陀的教誡被馴服——讓它去哪裡，它就去哪裡；不讓它去哪裡，它就不去哪裡。這樣的話，我們對自己的身心才能做得了主。4'14"

當然要達到這樣的自主身心，確實要花上一番功夫。但是做什麼事不花功夫呢？就算是在世間賺錢，哪有事情不花功夫就可以天上掉下來的！如果從天上掉下來的那個好事情，正好掉在自

己面前，也是往昔劫自己努力的結果，沒有無因生的、突然而出現的東西。既然什麼事情都要經過努力，那麼對於離苦得樂這麼關鍵的一件事情，我們應該也責無旁貸地付出我們的努力，因為這是非常非常值得做的事情！4'50"

特別特別開心在每天學習全廣的時候，我們能在這樣一個大課堂裡一起學習！在聽聞之前，還是希望大家能夠觀察一下自己的相續，把自己的相續調整到一個大乘的意樂——為了無窮無盡的如母有情能夠從苦難的輪迴裡脫離出來這個目標，我們必須去成佛，成佛才能究竟地自利利他圓滿。懷著這樣的一個意樂來聽聞《菩提道次第廣論》，才能和這一本論典相應，也才能和師父教導我們的這個心相應。5'31"

你們都準備好了嗎？如果準備好了的話就開始了！今天我們是要學《四家合註入門》，請大家把書翻到五十八頁，看下面有紅字、黑字，還有藍字的那個部分：

🈁又，🈁其後禮讚二大車者：如🈁經云：「任為誰說皆不解」，於極難量🈁一切至言之主，🈁能生三種聖者及勝者🈁之母，🈁各別🈁如實造釋，🈁皆如勝者自之密意，而成🈁贍部樹所

表徵之瞻⓬部洲⓭中光顯二義之莊嚴，名稱遍揚於三地，我禮〔⓮等同龍與阿周那故為龍猛。〕⓯以及無著足。⓰是為龍猛無著二大車。6'29"

　　在仁波切的講記五十九頁，大家可以看一看：「⓫其後禮讚二大車者」，這是在箋註提到的。在禮讚二大車者的時候，提到了「極難量」，說：「如極難量勝者教」的「極難量」——佛陀所說的法非常地難，仁波切說：非常地難懂。佛經裡有說道：「⓬任為誰說皆不解。」你跟誰說都不能理解的，不能聽懂。所以佛陀說的法，對我們而言是很難的，不會隨隨便便就說。佛陀現正等覺之後不是四十九天都默然而住、沒有說法嗎？佛說：「我得深寂離戲論，光明無為甘露法，任為誰說皆不解，是故默然林中住。」佛說他得了寂靜、甚深、離戲論的法，是光明為體性的、是無為的、是不死甘露的妙法，為誰說都不能夠理解其義，所以就默然在林中安住。這裡邊仁波切解釋說：「任為誰說皆不解」，就是無論跟誰說都令對方難以理解，說和不說都沒辦法懂，所以不說。由此可知佛說的法義難以證知。8'02"

講次0082

線上音檔掃描

　　大家有沒有想到這是一個很大的難題？一位證悟者大徹大悟，佛陀在菩提樹下夜睹明星，然後開悟。有些人問：「佛陀在夜睹明星的時候悟的是什麼？」這裡邊有很多說法，有的人就說：「緣起性空。」那緣起性空到底是什麼？佛陀多麼想要把他領悟的東西講給大家，經歷了三大阿僧祇劫累積資糧，終於悟道、可以講了，但是卻任與誰說都很難理解，這是一個非常非常大的難題！0'39"

　　「極難量」就是在說明這一點——佛所領會的法是非常難以理解的。注意！那麼是指什麼法？主要就是指「勝者母」，這個「勝者母」就是《般若經》。由於難以證知「❶一切至言之主」——勝者母的一切內涵，它不只是「難量」——難以測量，它是「極難量」，「極」應該是到達頂端的這樣一個難以理解的程度。1'13"

日常老和尚開示音檔起訖：無

2015年版手抄稿頁/行數：無

2016年版手抄稿頁/行數：無

四家合註入門頁/行數：1冊P59-L8～P59-LL6

　　這個極難量的勝者母，接下來這裡邊說到：「⬛一切至言之主，⬛能生三種聖者及勝者⬛之母」。「能生三種聖者及勝者之母」，是指這個《般若經》能出生聲聞聖者、獨覺聖者、菩薩聖者、佛陀勝者，所以它是這麼重要的、能出生聖者、像母親一樣的《般若經》。甚深難懂的《般若經》，又這麼珍貴，可是又難以理解，這是一個非常大的難題！對於這樣的至言，誰來解釋呢？大家都知道，後來佛陀還是說法了，不然我們今天就不會有《般若經》，不會有這麼多的八萬四千法蘊。就像宗大師在有人勸請之後寫《菩提道次第廣論》，後來〈毗缽舍那〉的部分原來是示現沒有想要寫，後來文殊菩薩勸請他要寫，觀察到儘管很難，還是會對眾生產生利益的。所以我們會發現佛菩薩都是去觀察這件事能不能對眾生產生極大的利益，然後才去做。萬一可以產生極大的利益，可是會非常困難，他們也會突破困難去把這件事完成。2'32"

　　佛陀講了《大般若經》——極難量的《大般若經》，到底誰能夠再為我們寫一個解釋讓我們清楚呢？這個時候，有人能夠完全理解佛陀的心意，把佛陀的話說到大家都能懂，好像是佛陀在人世間一個天生的翻譯一樣，把佛陀整個思想體系、語言習慣，都翻譯給所有的人；確切地了解佛陀的意思，而且確切地了解大

家的理解難度和容易產生偏差的地方，在這個中間做一個徹底地彌合、解釋清楚，這樣的人是很難求啊！難得！對於這樣的至言「❶各別❷如實造釋，❸皆如勝者自之密意」，是說能按照《般若經》來造論解釋佛陀的密意。就是誰呀？二大車對吧！居然在這個人世間還出現了這樣稀有的人，他們能夠如實地寫釋論，而且就像佛陀講述的那般，可以顯現《般若經》的密意，完全是解釋《般若經》的密意。就因此，他們絕對可以成為贍部洲的莊嚴，也就是我們的莊嚴！3'55"

讀到此處的時候，會覺得非常地慶幸！會想：「哇！萬一沒有二大車，我們可怎麼辦？」佛陀說了《般若經》，現在大家抄經啊，抄經很有功德；印經，把它奉在經櫃裡邊；然後旋繞、散花、供香，乃至寫讚頌去讚美它。但是如果《般若經》的內義在這個世上失傳了的話，那該是我們人世間多大的悲哀！或者說佛陀講了之後，當機的人聽懂了，我們後面的人全部不知道在講什麼。比如說我們現在聽說了《般若經》可以出生三乘的聖者，我們要發心成為哪一乘的聖者呢？你是想要聲聞發心、獨覺發心，還是菩薩聖者呢？我們很多人都說：「啊！我當然要大乘發心，我希望能成為一個菩薩，然後成佛。」可是如果不了解《般若經》的密意，我們如何能夠成為一個菩薩聖者呢？因為《般若

經》就是出生這三種聖者之母呀！所以可以想一想：如果沒有二大車造釋論的話，我們今天在無上菩提之路的探索，該是何等的艱辛和孤獨，甚至完全是絕壁呀！5'17"

登山的時候，如果你面前出現的是一座雪山，而且這個雪前兩天下了之後迅速地化，然後又下、又化，化了之後的水就結冰，所以雪底下就會有冰。那千年的冰山，想要登上去的話，如果是絕壁，請問怎麼登呢？如果沒有一個特別有經驗的人告訴我們怎麼登上去的話，恐怕都沒人敢上去的。5'43"

所以我們非常非常幸運啊！能有這樣的二大車造釋論給我們，讓我們能去了解《般若》的密意，我覺得不是三生有幸的問題了，這簡直是不知道多少世修來的鴻福！也不是鴻福齊天的問題了，就是無法形容內心的感恩和喜悅吧！所以他們成為贍部洲的莊嚴，也成為你我心中的莊嚴，也成為你我生命中無比的莊嚴，因為他們能夠造釋論如實解釋《般若經》啊！6'18"

講次0083

線上音檔掃描

　　提到贍部洲，為什麼叫「贍部洲」呢？「❸贍部樹所表徵之贍❸部洲」，贍部洲的贍部是指樹幹的枝條、果實掉到水裡了，發出「贍部」這樣的一個聲音，所以我們住的這個地方就稱為南贍部洲了，經典上這樣寫的。「贍❸部洲❸中光顯二義之莊嚴」，這個「二義」，仁波切在這裡邊解釋是自利、利他這兩種利益。因為能成辦一切他利的緣故，有如莊嚴，所以稱為「莊嚴」。這裡禮敬成為贍部洲莊嚴的龍猛及無著兩位菩薩。0'42"

　　學到此處，不知道諸位的心裡會不會如同文義所講的那樣，生出一個真實禮敬兩位菩薩的心？就像剛才我們講的，那麼難以企及的《般若》密意，這兩位菩薩寫了論，把《般若經》的一個段、一個句、一個句這樣去解釋，解釋得非常詳盡。看了他的解釋之後，再看原文的《般若經》，會發現在原文的《般若經》裡

日常老和尚開示音檔起訖：無
2015年版手抄稿頁/行數：無
2016年版手抄稿頁/行數：無
四家合註入門頁/行數：1冊P59-LL6～P60-L4

自己如何也看不出這樣的涵義。如果沒有菩薩們造釋論去解釋
《般若》的話，就是眼睛看見《般若經》了，但是我們也無法看
到它的內義。所以這個時候再想到禮敬為《般若經》造釋論的菩
薩，內心說是禮敬嗎？還是無比地感恩？還是萬分地珍惜，唯恐
失去這個機會？非常非常幸運值遇了能夠解釋《般若經》的這樣
的釋論。因為他們能夠成辦自他二利，就有如莊嚴一樣，所以才
讚美是贍部洲的莊嚴。1'47"

　　說：「❀等同龍與阿周那」，「阿周那」，是帝釋天王的兒
子，是天王的王子的名諱。龍猛本身是人，但是他等同龍、天，
故稱為「龍猛」。所以「龍猛」一名，具備了天和龍兩種意思。
這裡就沒有另外再解釋無著菩薩。龍猛、無著他們的美譽名稱遍
揚於三地，我禮敬二大車的雙足之下。這個是仁波切在《四家合
註》裡邊的解釋。2'24"

　　在佛陀所說的一切的經典當中，《般若經》是最重要的經
典。佛陀在《般若經》中，特別囑咐阿難尊者：忘失了其他經典
的文句，其罪小小；但是如果忘記了一句《般若經》，過失極
大！所以從佛陀的這句囑託來看，可以看到佛陀對《般若經》的
重視的程度。妙音笑大師在《現觀辨析》裡邊，引證了印度的法

友論師所著的《明顯句論》中說：「在所說的一切八萬四千法蘊當中，最尊、最上、最勝、最妙，即是《般若波羅蜜多經》。」所以可以看出來佛陀他很重視自己所宣說的《般若經》，諸大論師也同樣地很重視《般若經》。那麼為什麼《般若經》是如此重要呢？大家可以考慮一下。3'39"

佛陀來到世間真正的目的到底是什麼呢？這一定是從這個世界的最痛苦的真相開始思考。佛陀來到這個世間真正的目的，就是要眾生斷除煩惱、解脫輪迴。為什麼要斷除煩惱呢？因為煩惱會產生痛苦；而要斷除煩惱、脫離輪迴，就一定要去證悟空性。在佛陀所說的一切經典當中，用最最廣泛的理路來闡述空性的經典，就是《般若經》了。所以，《般若經》又被稱為一切聖者之母、經中之王！4'28"

在佛陀剛成道的時候，由於知道他所證悟的空性之法並不是一般的凡夫所能理解的，因此佛陀在四十九天內默然而住，都未曾說法。後來經由大梵天不斷請法這樣一個因緣，佛陀才開始為最初的五比丘宣說了四聖諦的法門。大家知不知道什麼時候開始宣講《般若經》的呢？就是在第二年，佛陀就宣說了《般若經》。大家可以想一下，在佛世的時候有很多正所化機，他能夠

領悟佛陀所說的《般若經》的內義，但是後來的所化機越來越下的時候，如果沒有透過佛陀授記的二大車的闡述，後來的人是非常難以趣入《般若經》的內義的。5'35"

　　佛陀授記了龍樹菩薩還有無著菩薩，說他們是不需要依靠其他人所造的釋論，憑藉自己就能善巧地解釋佛陀密意的這種菩薩。佛陀對龍樹菩薩的授記，顯教的部分是在《楞伽經》中說：「南方毗達婆，具德大比丘，其名稱龍字，能破有無邊。於世宣我教，無上大乘法，成就極喜地，往生極樂剎。」密教的部分，則在《妙吉祥根本續》中也有說：「如來我涅槃，經過四百年，有名龍比丘，對教作信益。獲得極喜地，享壽六百歲，大明孔雀法，彼亦得成就。通達諸論義，及無實真義，何時捨身時，往生極樂剎。最後決定證，正等正覺佛。」這授記裡邊把龍樹菩薩的名字、在佛陀涅槃之後四百年能破有無邊、宣說佛陀的教法、享壽六百歲，最後是往生極樂世界……這個都有授記。7'10"

　　佛陀對於無著菩薩的授記，也是在《妙吉祥根本續》裡說：「於我涅槃後，時已九百年，比丘名無著，善巧經論義。了不了義經，多門善分辨，成說世理主，善辨經論師。彼所著論

述，名地之使母，彼由明咒力，將生為慧賢。為令教久住，能作攝經義，享壽百五十，圓寂生天界。」所以這裡邊說在佛陀涅槃之後九百年，無著菩薩出現，他是一位比丘，他會著述什麼，也是授記得非常地清楚。8'02"

　　龍樹菩薩以中觀見解釋了《般若經》的空性之義，而無著菩薩則以三無自性性的唯識見解釋了《般若經》，中觀師和唯識師都一致地認為《般若經》是一切經中最重要的經典！透過二大車對於《般若經》的闡示，後世的弟子們才有一條正確的道軌能夠去探究佛陀在《般若經》中所宣說的密意，就是依靠《般若經》怎麼樣去觀察痛苦的根本，怎麼去修鍊解脫這個痛苦的根本。在二大車著作的論著當中，關於《般若經》的解釋，龍樹菩薩就寫了《大智度論》，逐字解釋了《般若經兩萬五千頌》的經文；另外又寫了《中論》等理聚六論，非常系統地專門解釋空性的意涵。像我們寺院有一些法師背完了理聚六論，雖然它不是很厚、不是很好背，但是非常值得背。法師們背會了，常常再串習一下講述空性的這樣一個句義，比如走到林邊啊，可以背一下；從這個寮房走到上課的地方，也可以背一下，常常串習啊，非常非常重要！9'31"

　　無著菩薩，寫了《兩萬頌實性決定論》，他完整解釋了《般若經兩萬五千頌》。另外在《瑜伽師地論・攝決擇分》這裡邊也詳盡地闡述了三無自性性的意涵。所以這些論著，都成為了後世的佛弟子學習《般若經》的最重要的依據。9'57"

　　回首歷史啊，一千八百多年前東漢的時候，月氏國的支婁迦讖還有天竺的竺朔佛，他們共同譯出了《般若道行品經》，它成為了漢土首度翻譯出的《般若》經典。另外在魏晉南北朝的時候，西域的譯師們也開始依次序地譯出了《大明度無極經》、《放光般若經》，還有《光讚般若經》等《大品》、《小品》的《般若》。其中《放光般若經》在兩晉的時期，經過道安法師等很多祖師的宣講和闡述，一百多年間，《放光般若經》廣弘一時。到了一千六百多年前，鳩摩羅什大師組織了譯場，很有規模地重新翻譯《摩訶般若經》，《般若經》的譯本就超過了之前的譯本，所以從那個時候漢地開始有了略微完備而且比前面更精準的《般若經》譯本。11'06"

線上音檔掃描

講次0084

　　大家好！又到了我們一起學習的時間了，非常非常地開心！希望大家能夠調整自己的意樂，端正自己學法的一個動機——為了利益無窮無盡的有情，必須發起菩提心；發起菩提心之後，才能夠成就正等覺位、才能夠成佛。雖然我們每次聽法的時候都是這樣作意，可能我們會覺得說：啊！我也好像沒有真實的菩提心，但是我們這樣造作菩提心，先好像是假的一樣去造作，造作久了之後，我們就會在學法之前，自然地想要在心裡現出這樣的吉祥的心念。0'49"

　　諸佛出世，是為了救度我們在輪迴裡的痛苦，因此才說了八萬四千法蘊，尤其是《般若經》，就是專門為了對治我們輪迴的深重的痛苦才說的。佛說《般若經》的時候，在佛的座下聽法的那些有緣的人，得到了他們該得到的果位。現在經過了這麼多年

日常老和尚開示音檔起訖：無
2015年版手抄稿頁/行數：無
2016年版手抄稿頁/行數：無
四家合註入門頁/行數：無

之後呢，我們還是能夠讀到《般若》，而且還能夠學到《般若經》的註釋——所以就提到佛陀授記的兩位菩薩，他們能夠寫釋論、解釋《般若經》——這是多大的福分！所以一定要造作一個大乘的作意來學習《廣論》，這對我們的無限生命、對我們的現世和來生，都是有著不可思議的一個牽引的力量。所以每次學習的時候，大家不要忽略這個動機的策動。1'53"

曾經有一段時間，我被問一個問題：是不是在這一次學《廣論》的時候，大家都熟悉的就不用講了，然後講一些可能大家不熟悉的，或者就《廣論》的難點去解決。我也深刻地思考了一下這樣的問題，後來我把這個問題請問仁波切，然後仁波切說：「雖然很多概念、很多道理大家都懂了，但是有沒有改變內心呢？有沒有在內心中生起如你懂了的道理那樣的一個證量呢？如果那樣的證量沒生起的話，還是要講的。」重複地講自己聽聞過的或者已經很熟悉的經典，就是要讓我們在內心中生起這樣的一個證量。2'42"

不能只想聽一些沒聽過的，對聽過的，心裡就沒有那樣的希求心，甚至有一些麻木感和不認真，或者不恭敬的心態。雖然我們聽過了、我們知道了，可是我們的心有沒有依據它做轉變？就

像善知識講的,有沒有在內心中生起那樣的量呢?這個還是我們要對內心觀察的。當我們做這樣的觀察之後,我們就會發現:啊!其實我自己和我所聽聞的那個道理相差地還是很遠的,所以還是需要數數地提醒、數數地憶念。我們在這點上要持續地思考。3'21"

其實,師父也這樣講過。比如「供養三寶」這件事,所有的佛弟子都知道這件事,我就請問師父:「供養三寶這件事已經講過了,還要再講嗎?」然後師父就說:「唉呀!真如啊,這個講了之後大家會忘的呀!所以一定要重複地講,因為會遺忘,所以一定要不停地提醒!」3'45"

思考善知識的法語,或者善知識希望我們怎麼學,還要思考一下廣論同學的願望,還有我自己的心願,我們還是決定細細地學過。但細細地學過並不等於時間要拖得很長,我們可以加速。我的意思就是你們不要著急!4'07"

上一講我們講到《般若經》傳進了漢土,鳩摩羅什大師,已經翻譯了《摩訶般若》。所以,我覺得大家應該了解一下玄奘大師,因為玄奘大師當年如果沒有求法、翻譯的話,我們現在可能

也看不到這個版本的《般若經》。所以我覺得我們所有的佛弟子應該去了解一下玄奘大師，甚至我覺得有時間我們可以把玄奘大師的傳記好好學一下。因為今天時間有限，我就略略地講一下。4'43"

一千三百年前，初唐的時候，玄奘大師為了去求法，做了很多很多的準備，包括他鍛鍊身體。他是心意決定一定要去求法的，不管怎樣他一定要成辦。可以說決志——沒有任何疑慮——一定要成辦求法這件事，應該說捨生忘死前往印度求法。他求法的過程，大家可以去了解，很多過程是非常驚恐的，沒有一個極大的勇氣、膽略和堅強的意志，沒有人經得了那種摧殘，應該都退掉了，看到幾個困難擺下去大概就不想走了。但玄奘大師說：「寧可西行一步死，不向東土半步生！」就是這種勇氣哦！才走到了印度！5'37"

他去求法之後，歷經了十七年！歷經十七年！行程大概是五萬里哦！前後到過一百多個國家！那個時候不是像現在有飛機，幾小時就到，全憑走的或者車馬，走了一百多個國家，終於把他要學的學了。學了之後他又回國，為我們帶回了六百五十七部梵夾的經典。這個梵夾是什麼？就是那個時候的書，是用棕櫚樹的

樹葉做成的。把棕櫚樹的樹葉剪下來，然後放在滾開的水裡面煮，煮過之後再把它陰乾，陰乾之後再切成長條形的，像長函那樣。就是那個時候印度的紙張。最後的書皮和封底，它就用兩個木板相夾，夾起來，就做成了長條形的梵文的典籍，這樣的梵文典籍，就是貝葉經。當時玄奘大師就帶回了六百五十七部這樣的梵文經典。6'53"

大師回國之後，深得唐太宗的器重和歡喜，經過唐太宗的支持和號召，集合了天下的高僧，組織成嚴密的譯場，然後進行了十餘年的翻譯工作，他翻譯了七十五部啊！一千三百三十五卷的經典！7'16"

大師到了晚年的時候，才開始啟動《般若經》的翻譯。但是多達六百卷的《大般若經》啊！這是一個非常浩大的翻譯工程，晚年的時候，去挑戰這樣的一個很大的翻譯，也是要相當強的心力的。所以，他想要把自己在印度所蒐集的各種《般若經》集結成一部最完整的《般若經》，然後他想把它翻譯成漢文。7'48"

講次 0085

線上音檔掃描

　　在《大唐大慈恩寺三藏法師傳》裡邊就有這樣的記載：東土重視《般若》，在前代雖然也曾翻譯過，但是不夠完備，所以大家就祈請玄奘大師是不是可以重新翻譯呢？因為《般若經》的部頭很大，那個時候大師在長安的事務非常多，很繁忙吧！玄奘大師就擔心人命無常，很難完成這樣的翻譯呀！於是他就向唐高宗——那個時候是唐高宗了——請求能否到玉華寺翻譯呢？居然得到了唐高宗的允許。玉華寺應該是沒有那麼多人，可能相對地清淨，比較能容易完成這樣的譯著。0'49"

　　所以在顯慶四年冬季的十月，大師就帶領著譯經的大德和弟子們，從長安一同出發前往了玉華寺。他在顯慶五年春天正月一日那一天，大師開始翻譯《大般若經》。《大般若經》的梵本共有二十萬頌，經文非常地廣博、非常非常廣。所以一同翻譯的這

日常老和尚開示音檔起訖：無
2015年版手抄稿頁/行數：無
2016年版手抄稿頁/行數：無
四家合註入門頁/行數：無

些弟子們面對二十萬頌的翻譯，大家就有一些想法，想要請求大師可不可以刪減或者省略經文，甚至多次請求大師刪減、省略經文。1'34"

這個時候，玄奘大師也動了這樣的心念，想要隨順大眾的想法，比如說像前輩譯師鳩摩羅什大師翻譯的《摩訶般若波羅蜜經》那樣，他就是刪除了比較繁複的經文。大師動了這樣的念頭之後，發生什麼事了呢？大家可以想一想。結果玄奘大師晚上就做惡夢了，非常非常恐怖的惡夢，夢見自己身處凶險的地方，還有夢到猛獸來抓他……等等這些夢，然後被惡夢嚇到流汗、顫抖，才從夢中很不容易地脫離、醒過來。2'19"

當時醒過來之後，就感到非常地驚慌恐懼，他驚慌恐懼的應該是考慮到譯經的一個方式問題。所以他就告訴大家：「還是要依照原典廣泛地翻譯，不刪！什麼都不刪了！」當大師把這件事告訴大家，把譯場怎麼譯《般若經》的這個原則楷定下來之後，當晚大師又做夢了。惡夢都消失了，然後就夢見諸佛菩薩眉間放光，照在自己的身上，心裡感到非常地歡喜和舒適；然後看到自己手裡拿著花、燈，供養著無量諸佛；又夢見自己登上了法座，為大眾說法，被很多人圍繞、讚歎、恭敬；還夢見有人供養珍貴

的水果，這都是在傳記裡面記載的。這是一個非常吉祥、很喜悅的夢嘛，大師他也覺得非常非常地歡喜，所以那時候徹底地決定不能再刪減《大般若經》，完全遵照梵本翻譯。3'26"

在《大般若經》初分中有〈嚴淨佛土品〉，在〈嚴淨佛土品〉說到：菩薩摩訶薩眾為了《般若波羅蜜多》，運用神通、願力，盛滿大千世界的上妙珍寶、諸妙香花、百味飲食、衣服音樂、隨意所生的五塵妙境種種供養，莊嚴說法的處所。這是在經典裡講的。說那些菩薩摩訶薩，都是大菩薩喔！他們為了供養《般若波羅蜜多經》，運用神通、願力，三千大千世界像一個容器一樣，裝滿了上妙珍寶。你可以想我們在地球上有多少珍寶？經典上這樣講，其實我們可以照著這個觀想去供養的。那是要多少種珍寶呢？你可以數數你看過的珍寶，不要看到珍寶的時候只想把它買來，或者只想擁有它。要想一想眼睛看到的珍寶也是可以供養的，比如說供養《般若》，供養所有的佛菩薩。4'31"

還有什麼呢？諸妙香花，比如說花海，不同顏色、不同形狀、各種香味的一片花的海洋；然後百味飲食，不知道大家是不是能想到百味飲食？就是很多種。全部是非常盛大的一個供養；還有衣服，大家去買衣服的時候，其實這是可以供養的，以前聽

師父講過，比如說你去逛街的時候，或者去其他地方的時候，不要只是想：「這個衣服我適不適合穿？」可以念嗡啊吽、可以供養的，因為這是我們眼所見的，是可以供養的；還有音樂，聽到音樂別只是沈醉在音樂裡邊，也可以供養佛菩薩。所以隨意所生的五塵妙境的種種供養，都莊嚴說法的處所。5'20"

當時在玉華寺翻譯的時候，有一位玉華寺的寺主慧德法師，還有一位譯師叫嘉尚法師，發生了很奇怪的事情，他倆居然做了同樣的夢。其實這種事情在世界上是很不多見的，兩個人能夠同樣做一個夢，是很稀有的事情！兩位法師那天晚上都夢見了玉華寺，那個寺裡邊突然好像變得很廣、很大，非常非常地清淨，也是像經中講的被各種美妙的飾品莊嚴，充滿幢帳、寶輿、花幡，還有伎樂，各式各樣的供品；又看到很多很多僧眾絡繹不絕，手裡拿著華蓋、幢幡，還有各式的供品，一起來供養《大般若經》。他們做夢的時候，夢到這樣的一個供養法會。6'20"

而且寺院裡的道路，還有寺院所有的牆壁，都鋪上美麗的錦緞，這是很難想像的，在夢裡怎麼設計得這麼美！而且寺裡所有的地面，都布滿了非常非常美妙的花，眾人都步行其上。到了譯經院就更加地勝妙了，幾乎就像經典裡記載的那麼美、那麼莊

嚴，完全被眾寶所莊嚴的譯經院。而且兩個人哦！他們都聽到了譯經院裡有三間法堂有人在講法，而且夢見玄奘大師他就在中堂說法，兩位法師都夢到這樣的景象。可能兩位都從夢裡醒來的時候大概是很高興吧，居然兩位法師一起去拜見大師！我想那個場景是怎樣呢？哇！兩個弟子一起來找到老師，分別啟白他們做的夢，居然兩個人的夢是一樣的。當時玄奘大師說：「現在正翻譯到〈嚴淨佛土品〉，諸菩薩一定會供養的，你們看到之後是否相信了呢？」7'36"

當時長在殿旁邊的雙柰樹，那個樹也很奇特，它居然在不該開花的時候開花了，而且還是一再地開花。每一朵花都開出了六片花瓣，紅白相間，非常地鮮艷、非常地茂盛，讓人一看就是：哇！太喜歡了！雙柰樹老是開花、老是開花，好像一直獻供的感覺，所以當時可能大眾也非常非常歡喜吧！大家就圍過去很高興地議論，都說：「啊！這是《般若》再度弘揚的徵兆，花開六瓣，應該代表六種波羅蜜多吧！」8'26"

出現了種種的祥瑞、徵兆。但是玄奘大師在翻譯《般若經》的時候，應該還是非常辛苦的，因為太過浩瀚，而且不能刪減，決定不能刪減，所以翻譯的工作一定是非常非常繁重的。在翻譯

《大般若經》那個時候，其實玄奘大師自己也非常擔心譯不完，害怕無常到來，所以他就告訴僧眾說：「我今年都六十五歲了，一定會死在玉華寺。而《大般若經》它是非常大部的，我非常非常害怕會翻譯不完，希望人人都能勤奮懇切，不要怕辛苦！」大家可以想像，玄奘大師這樣勸勉大眾，他一定是衝在最前面，一定是最最勤奮懇切，不怕辛苦的，因為他都西行求法經歷那麼多了，譯經的辛苦比之那樣的辛苦可能已經算是沒那麼驚恐了，只是體力的付出可能太過巨大。9'34"

　　這樣努力到了唐高宗龍朔三年冬天的十月二十三日，終於完成了！一共翻譯出六百卷，稱為《大般若經》。玄奘大師非常非常地歡喜呀！合掌告訴弟子們說：「這部經典與漢地有緣，我能來到玉華寺，完全是仰賴《般若經》之力！以前我在長安，被許多外緣牽纏著，怎麼可能完成此事呢！現在能夠完成翻譯，一定是得到諸佛菩薩的加持、龍天的擁護啊！這部《大般若經》是鎮國之典、人天大寶，大家應該為此歡喜自慶！」自那個時候開始，我們漢土就有了六百卷《大般若》了。玄奘大師說這是鎮國之典、人天大寶！10'40"

　　玄奘大師在西元六六三年十月翻譯完《大般若經》，然後弟

子們又去請說：「可不可以請翻下一部？」然後繼續翻譯《大寶積經》，剛剛翻譯了開頭幾行，玄奘大師就感覺到自己的氣力不足，於是就停下了譯筆。就在隔年三月，玄奘大師就圓寂了。所以《大般若經》是玄奘大師在晚年，用所有的生命、嘔心瀝血翻譯出的一個宏篇巨著！所以我們到現在才能夠讀到《大般若經》，然後讀到兩位菩薩詮釋《般若經》的時候，我們才有得依循。11'30"

保存經典、傳承經典，也是歷代高僧的神聖使命。師父常常教誨我們說：「莫將經典容易看！」經典的每一個字、每一個字、每一行，都是譯師們用心血和生命換來的，所以我們豈能不珍惜呀？豈能不恭敬呀？豈能不珍愛執持呢？12'04"

講次 0086

線上音檔掃描

　　在聽聞《廣論》之前，請大家觀察一下自己的相續，看看自己有沒有準備好聽聞前行。其實聽聞軌理是一個很重要的訓練，在《廣論》上思惟聽聞勝利的那一段，對我們每個常常聽法的同學來說，文字上已經沒有什麼難以理解的，但是是否把它串習成慣修的一個習慣，甚至是聽法之前習慣性地就會思惟聞法勝利？可以觀察一下自己有沒有建立一個這樣的習慣。0'47"

　　當我們開始專注地思惟聞法勝利的時候，我們的心就會從緣著現世的一些所緣上移開，緣到法對我們生命的利益；緣到法對我們生命的利益，我們就會審視自我的生命：為什麼我們需要法？法對我們的生命的離苦得樂到底有怎樣究竟的作用？最好能夠轉動內心，讓內心感動。如果思惟聞法勝利常常讓內心很感動，我們就會對法生起一個強大的欲求心。這個欲求心，有人形容就像飢渴難耐的人想要喝水一樣。1'42"

日常老和尚開示音檔起訖：2B 13:42～2B 15:20
2015年版手抄稿頁/行數：1冊P56-LL4～P57-L6
2016年版手抄稿頁/行數：1冊P56-LL4～P57-L7

　　如何能在我們每天忙碌的這些所緣上，認真地做深度觀察、深度思考，把聞法勝利建立在我們的心續裡，可能大家需要持續地觀察修。每一次都要把自己的心調整為——為了能夠讓無窮無盡的如母有情從痛苦的輪迴中解脫出來，乃至究竟地離苦得樂，所以我們必須去希求佛果。為了這樣的一個目的，我們來學習《廣論》。2'19"

　　好！如果大家已經觀察調整自己的心續可以了，那今天應該聽到：「攝二大車善傳流，深見廣行無錯謬，圓滿道心教授藏，敬禮持彼燃燈智。」2'38"

　　攝二大車善傳流，深見廣行無錯謬，圓滿道心教授藏，敬禮持彼燃燈智。

　　這個傳承繼續地下來，現在又有一個大善知識，那個大善知識，叫作阿底峽，阿底峽。阿底峽，這個西藏人對於這位尊者的尊稱，他是印度人。對於印度人，相當於我們中國宋朝初年，宋朝初年。他出生在宋太宗——宋朝的第二代皇帝，到仁宗年間，相當於公元的九百多年到一千多年。那麼這個大尊者啊，他是東印度的一個王子，從小

的時候就一心想出家，一心想出家，絕頂聰明。我給你們
那一本書，你們好好地看一看。他只有十幾歲，只有十幾
歲啊，就隨便學了一點世間的學問——因明。哦，這個因
明對我們來說很難學的東西，十幾歲他也聽人家講了一
遍，就運用這個因明的理論跟人家辯論，把當年印度最負
盛名的那個那個大學者辯倒了。哇！好不得了。將來如果
你們真正地深入，你們都有機會學因明，你曉得因明這個
東西非常難學。這個地方說明，這個阿底峽尊者是何等的
聰明。4'18"

好！這個偈頌又為我們介紹了一位大善知識，就是阿底峽尊
者。可能很多老學員對於阿底峽尊者已經非常非常地熟悉了，新
學員可能還不熟悉。阿底峽尊者，是我們的傳承祖師裡非常重要
的一位祖師，也是對我們恩德非常深的一位祖師。尊者是一位東
印度的王子，從小就非常非常地聰明，師父就舉了那個例子：尊
者在年少的時候就把當時最負盛名的那個大學者辯倒了，所以他
是絕頂聰明的一個人。5'06"

提到辯論，大家會想到《攝類學》吧！學過《攝類學》的同
學有人有這樣的經驗：初學《攝類學》的時候會碰壁，有人感覺

彷彿墮入黑暗，有時候覺得自己什麼都不知道，原本自以為了解的東西，被別人一問，發現根本不知道；還有一些原以為自己是很聰明的，到了《攝類學》的時候，如果不順，就會發現自己至極愚笨，自信心大受挫折。要爬過黑暗期，慢慢地找到感覺，再開始熟練地運用，在辯論場上悠遊自在地辯論，那可是要花上很大的功夫啊！6'06"

師父說：「因明對我們來說很難學的東西，十幾歲他也聽人家講了一遍，就運用這個因明的理論跟人家辯論，把當年印度最負盛名的那個大學者辯倒了。」在傳記裡寫到尊者十五歲的時候，只聽了一遍《正理滴論》，就把最負盛名的外道辯倒了。《正理滴論》是法稱論師所寫的七部量論之一；七部量論有分主體的三本論以及支分的四本論，《正理滴論》是主體的三本論中最略的一本，它闡述了正現前識、相似現前識、正比量、相似比量、正能破、相似能破、正能立語、相似能立語。7'02"

因明之所以很難學，是因為它包含了非常複雜的規則，我們要了解或者掌握規則之後，才能夠運用這些推理來辨析自己想要明白的那個深刻的道理。比如說：「聲音有法，是無常，因為是所作的緣故。」這個正因論式符合了宗法、同品遍、異品遍的三

個條件，而且必須詳細地討論聲音與所作的關係、所作與無常的關係，還有聲音與無常的關係，才能確定這個論式正確無誤。用正確的論式才能成立出正確的立宗，只要其中一個環節有一點點錯誤，就無法立出真正的正因論式；就算你勉強立出了，在辯論時也會被對方攻難。如果遇到高手，那這點小錯誤就不是小錯誤，就會使整場辯論一敗塗地，因為他一定會發現你的錯處，叫慧眼如炬。8'29"

所以如果沒有經過長時間努力地學習，反覆地探討，經過彷彿頭腦燃燒般的那種風暴思考，而且徹底地挑戰思惟的極限，我們可能很難學會用這樣的論式熟練地思考，因為你可能會很不順暢，或者偶爾中斷，更何況還要用這樣的思惟模式、這樣的論式與這個領域的高手過招。大家可以想一想，如果是聽了一遍《正理滴論》，就敢去挑戰當時最負盛名的人，而且挑戰了之後還把他辯敗！一個十五歲的少年，很難想像的勇氣和智慧！這在今天聽起來也是一大奇蹟呀！所以師父說阿底峽尊者是絕頂聰明的人，我們應該會心服口服吧？9'37"

阿底峽尊者把深見、廣行傳承圓滿無誤地統攝起來，然後圓滿地傳持下來，所以我們禮敬他！9'50"

講次0087

線上音檔掃描

　　他的出身這麼地好，後來出了家，出了家以後他從小乘、大乘、性宗、相宗，無所不精，無所不通，到最後是在印度算起來，印度佛教界的頂尖。他的這個傳記後面有簡單的介紹，我在這裡不說了。他這位大德呀，把上面所說的兩個傳承，兩個師承，一個代表「深見」，一個代表「廣行」的大乘的教法，這個教法、這個傳承善巧無誤的這個傳承，他又把它統攝起來。不但統攝到身上，而且圓滿沒有錯誤，把這個東西歸併起來，這個是佛陀的中心的教授。那麼這位尊者，現在來敬禮他！1'02"

　　聽到這一段，想起來當年第一次從師父的講說中聽到阿底峽尊者幾個字，心裡特別高興；有的廣論同學還合掌，笑咪咪地說：「這名字可真好聽！」那個時候我們找不到《阿底峽尊者傳》這本書，所以大家認真地把師父講的關於阿底峽尊者的描

日常老和尚開示音檔起訖：2B 15:20～2B 16:20
2015年版手抄稿頁/行數：1冊P57-L7～P57-LL3
2016年版手抄稿頁/行數：1冊P57-L8～P57-LL3

述，一遍又一遍地聽，很想聽到很多阿底峽尊者的故事，尤其是去金洲求菩提心教授的故事，而且想要聽所有的細節。可是那個時候沒有書，也沒有辦法找到，就只能忍著。1'58"

我去拉薩朝聖的時候，在一個寺院裡走到阿底峽尊者的像前，站在尊者的像前靜靜地凝視了很久。那尊阿底峽尊者像塑得栩栩如生，好像要跟你講話一樣。後來又去了聶塘寺，朝禮阿底峽尊者常常帶在身邊的度母像。從聶塘寺回來的路上，還寫了一首讚美阿底峽尊者的讚頌，當時很急，所以就寫在一張面紙上。一路在車上、在飛機場、在飛機上，心裡一直縈繞著阿底峽尊者，縈繞著那個旋律，縈繞著對他的感恩和思念。2'59"

再看這一小段，師父是用非常簡要的語言，為我們清晰深刻地描繪出阿底峽尊者不可思議的教證功德。師父用了「無所不精、無所不通」，來描寫阿底峽尊者學修的深度和廣度，真的令人渴仰！可是無所不精、無所不通，要花多大的精勤才能達到這樣的高度！親近善知識有的時候真的需要跋山涉水去到他的面前，要經歷不同文化背景、不同飲食習慣、不同氣候環境的適應，每一種適應都要花下時間和心力；將兩脈的傳承合於一身而聽聞、而修學，要花下何等的精勤才能夠達到呢？4'01"

　　你們想不想聽一段阿底峽尊者求法的故事呢？我略講一下吧！4'09"

　　阿底峽尊者出身王族，又絕頂聰明，出家前從勝敵婆羅門、明了杜鵑論師，還有一位是阿嚩都帝這樣的大上師，深入地學習了中觀、密法，應該還有因明吧，很多教授。出家前已經在教理上如此地博學了！這樣的博學多聞，在二十九歲出家後，他又用了十二年的時間親近善知識，跟隨法鎧大師學習《大毗婆沙論》。「毗婆沙」就是有部，《大毗婆沙論》廣泛而詳細地闡示了有部宗的宗義，所以稱之為《大毗婆沙論》。透過對這部論的學習，總攝了四部毗奈耶的要義，還有對法七部的一些內涵。那個時候佛法在印度有十八個部派，而阿底峽尊者成為了通曉十八部派的頂嚴啊！眾中頂嚴！5'30"

　　可以想像一下，已經達到了在當時佛教裡邊非常非常高的這樣一個成就——十八部派的眾中頂嚴，為十八部派共同尊敬，可阿底峽尊者在想什麼呢？在聽聞了當時所有印度顯密的教法而且修持之後，阿底峽尊者到底想什麼呢？他心裡會為此滿足嗎？在傳記上寫說，他常常在想：什麼是迅速成佛的方便？哪一種道能最快成佛？他也多次地啟問本尊、啟問上師：「什麼是迅速成佛

的方便？哪一種道能最快成佛？」阿底峽尊者的上師羅睺羅毱多，就跟尊者說要修菩提心；這個時候尊者也在金剛座得到了多次佛菩薩的指示，說要修菩提心。6'45"

　　阿底峽尊者思考的這個問題非常大，是修行最核心的問題。在他的教證功德聞名整個印度的時候，可以想像阿底峽尊者常常是靜夜獨思嗎？還是魂牽夢繞地都在想著這個問題？從阿底峽尊者思考這個問題，可以看到他是那麼想要快速成佛，在用他所有的生命探索快速成佛之道。他為什麼想要快成佛呢？快速成佛能做什麼？由此也可看出，他所有的聞思修都朝向這個目標。這樣皎潔無染的目標，他是在為他自己尋覓的嗎？7'36"

　　在傳記上寫說，阿底峽尊者為了讓菩提心沒有生起的人能夠生起、已經生起的人能夠增長、已經增長的人能夠達到究竟，所以他在探索這個問題。他在想：那麼到底有誰擁有圓滿的菩提心教授呢？然後就去觀察。當時被普遍稱揚的就是金洲大師，金洲大師是菩提心修法的教主，所以阿底峽尊者萌生了要去金洲那個地方，要到金洲大師的座前聽受菩提心修法全圓教授的想法。8'34"

　　阿底峽尊者當時居住在印度，而金洲還遠在印度尼西亞的蘇門答臘，看一看今天的地圖，距離應該還是非常遠的。不知道他是怎樣勸說別人的？雖然他已經出家了，但他畢竟是王子出身啊，家族的人不擔心他嗎？弟子眾們不擔心他嗎？傳記裡沒有詳細地描寫。最終尊者還是決定要出發了，他選擇了水路，選擇了跟熟悉這條路的商人們一同出發，當然還帶著他的隨從和隨行人員。終於開始乘船了！乘船就是要在海上，從印度趣往蘇門答臘。9'32"

　　不知道大家有多少人有乘船、暈船的經歷？我曾經坐船去普陀山朝禮觀世音菩薩，開始是坐一艘大船，還算平穩，航行了一天一夜。一夜之後，我們要到洛迦山去，所以就換成了另一條船。結果剛登船就起風了，浪非常地大，船身劇烈地搖晃，浪打在窗子上，根本看不到外面是怎樣的，只能看到水，一波又一波的水。船裡的人就都在驚呼，當時可能所有的人都很緊張吧！我在想：三、五分鐘會不會過去呢？結果晃得越來越嚴重。後來就開始聽到有人在嘔吐了，然後越來越多的人都在吐，過一會兒好像到處都是嘔吐的聲音。我在船裡邊拼命地念觀世音菩薩，努力地克制不要吐、不要吐，拼命地祈求觀世音菩薩。不知這樣搖晃了多久的時間，感覺是全程都在搖。後來終於到了，我沒有吐。

船停的時候，開始往那個船口走，下船的時候發現船艙的地面上還有嘔吐的那些東西，可能是太多人吐了。11'14"

　　走出船的時候，應該是從船上走到地面上這樣一段距離。我走到地面上之後，居然一步也不能再往前走了，因為覺得整個地還在搖，怎麼也走不了了。後來坐著也不行，就只能直接躺在洛迦山腳下。那個時候看著人們排著隊從我的面前經過，我根本起不來。我在想：剛才在船上大家吐得那麼厲害，一下船都這麼精神就走了；我在船上都沒有吐，下船為什麼我走不了呢？也不用想太多了，好好祈求觀世音菩薩。我就躺在地上，覺得天搖地動很久，然後才爬起來，就上洛迦山了。洛迦山有觀世音菩薩的腳印，很大、很深，聽說好像是從哪裡飛來的一個腳印。12'19"

　　想一想喔！我僅僅在船上待了幾個小時喔，就成那樣子了！當時阿底峽尊者的船，在海上了航行了十三個月之久。十三個月是多久？一年多啊！都在海上。在海上的時候，傳記裡有寫，他化自在天的天魔不能忍受佛陀教法的興盛，就想要障礙尊者的菩提心，所以就故意朝反方向興風作浪，海風呼嘯、大浪滔天，船身可能是非常可怕地搖晃。那時候是帆船吧！強風吹著高高的船帆，如果是逆向風的話，帆就得收起來，否則如果大風吹得天昏

地暗，走到哪裡都不知道的。阿底峽尊者的船，真的在巨風大浪中走錯了方向，可以想見有多麼地驚險啊！13'24"

好不容易又找回了方向，結果在船的前面，居然出現了像山一樣大的一條大鯨魚，那隻大鯨魚就擋在船前面。現在我們大家都想要看到大鯨魚，但是如果你自己在海上航行了那麼久，又經歷了大風大浪，好不容易又找回了航向，哇！前面又出現像一座山那麼大的魚，而且這座山隨時移動，隨時可能會衝過來！這不是一般地凶險，因為那大鯨魚可能比船還大，所以對船上所有人的生命都是一種威脅，而且有可能會讓船整個翻掉的。但是阿底峽尊者為了去求法，沒有選擇後退半步！14'21"

那個時候，還有從空中突然打起的那種巨大霹靂，還有出現了很多很凶險的災害。這個時候阿底峽尊者在做什麼呢？他在殷重地修法，尤其是修紅色閻魔敵的三摩地，他一直在修，最終摧伏了這些障礙、摧伏了魔軍！勇悍、慈悲的阿底峽尊者，就這樣經過了十三個月之久，千辛萬苦地終於到達了金洲這個地方。15'10"

講次0088

線上音檔掃描

　　到達了金洲沿岸的時候，阿底峽尊者見到了一些修行人在岸邊修習禪定。一問之下，居然是金洲大師的弟子們，所以阿底峽尊者就在那裡小住了十天。看一下喔！航行了一年多之後，小住了十天，算是休息嗎？可是也沒有休息，因為他們還繼續地向這幾位修定者去問：「金洲大師住在什麼地方呀？金洲大師有什麼教授啊？大師有怎樣的事業和行誼啊？」阿底峽尊者心心念念嚮往著金洲大師，想要到他身邊去求法呀！1'01"

　　而金洲大師的弟子們，也是經過了這十天，聽了阿底峽尊者的弟子講了阿底峽尊者身語意的功德，還有很多事業的這些狀況之後，對尊者生起了很大的信心。然後就很快地回去跟金洲大師啟白了，說：「哎呀，印度的大智者具德燃燈智來到這個島上了！還帶了一百二十五位弟子，他們在海上航行了十三個月，天

日常老和尚開示音檔起訖：無
2015年版手抄稿頁/行數：無
2016年版手抄稿頁/行數：無
四家合註入門頁/行數：無

魔、大自在天作障礙，都被這位尊者懷著慈悲心降伏了，身語意都安然無恙，現在抵達我們這兒了。而且在岸邊還跟我們十多天在一起，我們都在談論著正法、談論著您的言教，令我們十分地滿意、心悅誠服！現在他們來到這裡的目的，就是想要那位大智者能來到您的座前。」金洲大師的弟子就在跟金洲大師啟白。大智者就是指阿底峽尊者。他們說：「那位大智者能來到您的座前，主要是渴求聽聞三世佛母《大般若經》的教授，生起願行菩提心、修習大乘修心。」還表達說：「希望日夜行持上師您如大海般的教理，祈請能夠慈悲地安排見面。」看一看！金洲大師的弟子們在為阿底峽尊者祈請。2'45"

這之後一切都很順利。當阿底峽尊者師徒來到了金洲大師的宮殿附近的時候，金洲大師也是非常隆重，他帶領了很多比丘前來迎接阿底峽尊者。當時傳記上有一段非常非常精彩的描寫，說金洲大師帶領著披著同樣顏色比丘三衣、持著蓄水瓶還有莊嚴的錫杖、人看了能夠極大地引生淨信心、每個都像阿羅漢一樣的五百三十五位比丘，還有六十二位沙彌跟隨。乍看之下，就好像佛陀世尊在世時為阿羅漢所圍繞那麼莊嚴、那麼神聖，能讓人引生極大的淨信心還有不可思議的歡喜心。這是金洲大師那一面的隊伍。3'51"

　　接著這一面是阿底峽尊者的隊伍。阿底峽尊者為首,然後是常常出現的班智達地藏,還有精通五明的班智達、善巧三藏的這些比丘,個個都是博學多聞,一共是一百二十五位。他們都沒有穿鞋,赤腳而行,而且他們身上穿著袈裟的顏色是喀什米爾紅花所染色的,它是為大眾部所極其讚美的三法衣。因為有一個盛大緣起的緣故,所以阿底峽尊者身邊的比丘們都捧著合量的這種鐵缽,都有持缽,缽底都是非常完好、不能有漏的,大家還攜帶著能盛滿摩羯陀升量的紅銅蓄水瓶。「摩羯陀升量」就是描寫能夠裝多少水的一個量,是個數量詞吧,就是能裝那麼多水的蓄水瓶。想想喔!他們捧著缽、攜帶著蓄水瓶,還持有著佛世尊所讚美的錫杖,完具了一切僧人的形象。而且所有的人還戴著沒有驕慢的班智達帽,手持著白色的拂塵。大家可以想像一下:一百二十五位隨行在阿底峽尊者的後方,每個人的間距都非常地勻稱,不遠也不近,連貫不斷地就像五色的彩虹那樣,向著金洲大師的住處在移動。5'39"

　　當時兩邊的隊伍在向對方走近的時候,大家可以想像,如果在街上出現了這樣的場面,那我們一定就趕快去看了!所有居住在金洲那個地方的這些人士,在傳記上寫,還有善神,很多人在看。看到這一幕,對兩位大德的事業還有所有的一切,都生起了

很強的信心和歡喜心。兩位大師相見的時候，由於他們宿世就有業緣——師生有的是多生多劫的緣分呀——所以好像本來就認識一樣，已經認識很久了。這裡面有個描寫，就像大樹連根拔起一樣，阿底峽尊者對金洲大師進行了大禮拜，那可能是用盡所有虔誠的禮拜。之後金洲大師就把他的手放在阿底峽尊者的頭上，念誦了很多吉祥頌。這是上師對弟子的一個加持。6'46"

其實在傳記裡還有特別描寫阿底峽尊者供養金洲大師的一個大寶瓶，說那個瓶子的特色就是腹部大而飽滿，瓶底也是很堅固的，但是瓶子的頸部非常地修長，而且最重要的是它是透明的，能從外面透視到內部。阿底峽尊者在這個瓶子裡裝了金、銀、珍珠、珊瑚，還有吠琉璃等這些寶物，他就是托著這樣的瓶子供奉到金洲大師的手上。班智達地藏還有尊者的這一切弟子眾，也對金洲大師做了供養。7'25"

然後阿底峽尊者他們就進入了金洲大師的寢宮，供養曼達之後，就請求傳授《大般若經》的內義和心要，就是大寶菩提心。這個菩提心未生者令生、已生者增長的方便，就是大乘道次第圓滿的道體。它是由怙主彌勒傳給聖無著兄弟、由至尊文殊傳寂天菩薩，次第而來的這個圓滿的教授。阿底峽尊者就跟金洲大師做

了這樣的祈求，祈請要得到菩提心的教授。金洲大師說：「傳授這個教授需要經歷很多年，你如果能在這個地方久住的話，無論如何我都會傳授。」阿底峽尊者聽了就啟白說：「不論需要多長時間，都要圓滿地聽受！」看一看這個師生的相應度！從那個時候開始，十二年期間，在傳記上寫著金洲大師將總的大乘道體，尤其是大寶菩提心的修心教授，如瓶注瓶地傳授給了阿底峽尊者。他們在十二年間都在一起。8'48"

經過了十二年之後，阿底峽尊者就要返回印度。說那種感覺就像一個入海求寶的商主，他終於拿到了如意寶珠，可以還歸故里了。但是我在想阿底峽尊者要回去應該會很難過吧，捨不得金洲大師吧！金洲大師還把他小的時候獲得的一尊釋迦佛的金像賜給了尊者，加持阿底峽尊者成為佛教之主。那個時候，阿底峽尊者師徒經過了十二年之後，才又乘船從海上回到了印度。9'30"

在傳記上有寫一段滿感人的。阿底峽尊者應該是很思念金洲大師、很感恩吧，所以阿底峽尊者沒辦法直接稱呼上師金洲大師的名諱。聽到有人談到金洲大師的名諱，他會馬上阻止，而且立刻站起來磕頭，說：「像我的上師那樣的悲心，別人是沒有的！」然後就會在那裡流淚、哭很久。有人問尊者：「在您眾多

殊勝的上師當中，為什麼您對金洲大師這麼感念啊？」尊者回答
說：「我什麼功德也沒有，能有一點點賢善之心，全都是因為我
這位上師的恩德呀！」阿底峽尊者的行誼，值得我們學習呀！
10'31"

　　阿底峽尊者把他所有的生命都奉獻給了聖教和有情，在他的
心續中執持著聖教的大寶庫藏。這個庫藏裡總攝了深見廣行道完
整無誤的教授扼要，這些扼要正是我們無死的甘露法藏，我們最
需要的、我們最渴望的！他用他全部的生命在傳持著這些傳承，
才使得現在的我們能夠聽到這個傳承、能夠學到這個傳承，所以
我們真的應該好好地珍惜這一切，應該盡我們一切的努力來學修
啊！所以「敬禮持彼燃燈智」的敬禮，是發自內心深處最虔誠
的禮敬！11'29"

講次 0089

線上音檔掃描

　　這個地方，我們有一點要說明的，就是前面我們已經了解了，佛陀——這個是圓滿教法的根源，圓滿教法的根源！那麼他這個圓滿的教法啊，是主要的內容是分成功大悲跟大智，或者悲、智二點。對我們來說，這個悲是圓滿我們的功德，說福德；智是所以那個功德能夠得到圓滿的進步，而不是有漏的話，那就是靠那個智慧。換句話說一個是報身因，一個是法身因，那個化身就包括在報身當中的，就這樣。0'53"

　　在這一小段裡，師父又再度地提起：佛法分成大悲跟大智，而佛陀是這圓滿教法的根源。「悲」，圓滿我們的福德——福德它是色身因，色身分什麼？報身和化身；而「智」，是讓那個功德能夠得到圓滿的地步，而不是有漏。智慧就是法身的因，法身

日常老和尚開示音檔起訖：2B 16:20～2B 18:33
2015年版手抄稿頁/行數：1冊P57-LL2～P58-LL4
2016年版手抄稿頁/行數：1冊P57-LL2～P58-LL4

包括智慧法身和自性法身。1'27"

　　佛陀教法的內容主要是分悲、智兩個功德這樣去修。有沒有
想到：在我們的生命裡，我們沒有善知識啟發的時候，如果問從
生到死求什麼？我們可能會說：快樂呀、真理呀等等，但是到底
什麼樣的真理是真正能給我們帶來快樂的，讓我們究竟能夠快樂
的呢？如果沒有善知識這樣教我們的話，我們是不會想到要去獲
得悲功德和智功德，也就是不會想要去成佛，當然也不會想要去
證得法、報、化三身或者四身。2'06"

　　在月稱菩薩所著的《入中論》中有這樣的偈頌：「悲性於
佛廣大果，初猶種子長如水，常時受用若成熟，故我先讚大悲
心。」悲心對於我們成就佛果來說，最初就像種子一樣，生起
悲心，才能進一步生起菩提心而趣入大乘；在修持菩薩道的過程
中，如果沒有不斷串習悲心，是根本無法完成六度萬行，所以在
修行的過程中，就像不斷地澆水、澆水，種子才能生長；成佛
後，之所以能盡未來際利益眾生，也是由於具足究竟圓滿的悲
心。由於在初中後三個階段，悲心都是極為重要的，所以月稱菩
薩在造論之初，首先禮讚了大悲心。所以悲心對我們修行人是非
常非常重要的修鍊。3'16"

　　《現觀莊嚴論》有這樣的偈頌:「智不住諸有,悲不滯涅槃。」由於證悟無常等十六行相的智慧,能令有情脫離生死,這是智慧的部分。那麼大悲的部分,就是能令菩薩不停滯在已經獲得的功德上面,而一心尋求圓滿的佛果,一直要精進的,他是不共於小乘聖者的,是什麼呢?學過幾輪《廣論》的同學能答出來嗎?是荷擔利益一切有情重擔的大悲心的作用,也就是增上意樂。雖然在《入中論》、《現觀莊嚴論》上,我們會讀到這樣的偈頌,但是大悲和智慧在我們的生命中到底跟我們的苦樂有一些什麼樣的連結?我們怎麼能夠從心髓裡發出想要獲得這樣功德的一個希求心呢?實際上,沒有善知識的講說、勸導,甚至是手把手地教我們,我們是很難生起的。4'34"

　　從一開始師父講《廣論》,到現在講了這麼多,非常非常密度高地提醒我們「悲智」,對吧?「悲智」,一直這樣提醒。一旦善知識在我們耳邊一直提這兩點的時候,其實這個就在我們的心中留下很深刻的印象。我不知道大家偶爾會不會想一想,比如說:我的生命要不要去獲得這種悲智功德?5'03"

　　所以「悲智功德」在我們的生命裡,如果沒有善知識來醒覺我們的話,我們很少會想這是我要求的。我們也不會想到跟著一

個老師要學悲功德、智功德，也是不會現起的。所以每看到這一段，都很感恩師父在我們的生命裡一再地啟發我們要去成就圓滿的佛果，要追求大智、大慧、大自在這樣的一個境界。5'34"

好！那大家接著聽下一段。

那麼這個東西啊，它演繹成教法時候這樣地下來，下來呢，然後當機慢慢、慢慢地低下的時候，所以留在世間的教法，它也同樣地慢慢、慢慢地層次或者程度的降低。所以第一個是有兩位等覺菩薩，最高的人；再下面的話，次一層。就是像我們現在學校裡面教書一樣的，現在是大學教授，欸，可是現在我們只有中學、小學程度，所以不行，要用中學教員或小學教員來教我們，這個是。那麼為什麼到後來又傳到一個人，他下面這個人又不分成功兩部分，而是說併到一人身上呢？這有它特殊的道理的，這有它很特殊的道理的！因為當一個教法流傳下來了以後啊，它自然而然會有一種偏向，特別講智慧的人啊，偏向到後來，往往把這個方便這一部分會忽視；反過來，講大悲這樣的話呢，他會把智慧忽視。6'59"

　　在這一小段，師父解釋說到了阿底峽尊者統攝於一身的傳承，為什麼會變成這樣呢？然後師父在這裡解釋說：對於學人來說，在學習的時候都會發現有一種偏向，比如說講智慧的人到後來會有一種偏向；講大悲的話，也會把智慧忽視。7'24"

　　傳承祖師為什麼做這樣的示現，把這兩個傳承統攝在一身呢？是不是還是為了校正我們某一方面的缺失，作這樣的示現。另外，也是再再地顯示阿底峽尊者他的絕頂聰明，他可以學很多很多，這方面也是可以對阿底峽尊者修信的。師父這樣的一個觀點、對於這一段的詮釋，到底要啟示我們內心的什麼問題？想要讓我們發現什麼？我覺得這是這一段的關鍵。7'54"

　　從前面那裡可以看到：欸！佛陀講一座法，聽完了之後，在經典裡常常看到有很多有情發菩提心了，然後多少、多少人登地，又怎樣、怎樣……。我們都念了很多經對不對？念經的時候，現在我們能做到專注就已經是很厲害了，把原來煩煩惱惱的事都忘掉，然後專注地誦經就已經覺得很可以了！或者在誦經的時候能感覺到身心皎潔，得到佛菩薩的加持，然後誦完經之後再去學教典的時候，覺得：欸！好像比原來理解更深了！這樣也是很好的。可是佛陀講的經典，當時應機的人聽完了之後馬上就登

地的、馬上就發心的。而我們現在聽了之後是聽不懂，所以一定
要有這些傳承祖師為我們做詳盡的解釋。師父又再再地揭示了傳
承的重要性、傳承祖師的重要性！8'50"

講次 0090

線上音檔掃描

　　大家好！新年快樂！又到了我們一起學習《廣論》的時間了，這兩天過年了，不知道大家有沒有去給長輩拜年啊？都很開心吧！所以我決定在研討《廣論》的時間，給大家講一個佛經故事，這個是源自於《雜寶藏經》的故事，不知道你們覺得這樣好不好呢？我聽一聽——哦！大家覺得還不錯，那我就開始講囉！0'36"

　　《雜寶藏經・棄老國緣》——這個故事的名字。說佛陀在舍衛國，那個時候世尊說：「恭敬年長的長輩會有很大的利益——過去沒有聽過的事能夠聽聞並且了解，美名遠揚，被智者恭敬。」諸比丘說：「如來世尊常常讚歎恭敬父母及年長的長輩。」佛陀說：「不只是今天而已，我在過去無量劫中都恭敬父

日常老和尚開示音檔起訖：無
2015年版手抄稿頁/行數：無
2016年版手抄稿頁/行數：無
四家合註入門頁/行數：無

母及年長者。」比丘又請問佛陀說：「過去您恭敬的那些事蹟到底是怎樣的呢？」1'32"

　　佛陀開始講說：在過去久遠以前，有一個國家叫棄老國——丟棄的棄。在那個國家裡，老人就要被驅逐到遠遠的地方，不去管他們，就像拋棄了一樣。有一個大臣，他的父親年事已高，按照國法，是應該驅逐到很遠的地方不去管他。但是這個大臣很孝順，不忍心棄父親於不顧，於是想出了一個辦法，就在家裡深深地挖掘了一個地下的密室——挖掘了地下，然後把它建成一個密室——讓父親就住在裡面，隨時地孝敬和供養。當然這一定是祕密的，不能被別人發現的，為什麼呢？因為會犯國法的，如果養父親會犯國法的哦！聽聽這個國家的法令是多麼地殘忍。2'46"

　　後來，有一個天神，這個天神就抓了兩條蛇，來到了國王的宮殿上，就問國王說：「如果你能分辨出哪條蛇是雄蛇、哪條蛇是雌蛇，那你的國家就能安定；如果國王你分辨不出來，你和你的國家七天之後都將覆滅。」天神哦！縱然國王威震四野，也不敢惹。所以國王聽了之後，就非常地憂惱，立刻跟大臣商量該怎麼辦呢？然後每個大臣都應該是挖空心思地想也想不出來，所以就紛紛推讓，說他們沒法分辨。於是就懸賞全國——誰能分辨出

來，一定會加官進爵，厚加賞賜。大臣回家之後，就去請問父親，父親回答兒子說：「這件事很容易！把蛇放在纖細柔軟的物品上，躁動不安的就是雄蛇，靜止不動的就是雌蛇。」照做之後，果然分出了雌雄。4'17"

這個天神好像不甘心，又繼續問：「誰與睡著的人相比是覺者？誰與覺者相比是睡著的人呢？」又來問國王了。國王答不出來，大臣也答不出來，於是又懸賞全國，也沒有人能回答。然後大臣又問父親說：「這句話是什麼意思呢？」父親說：「有學位的人，與凡夫相比，是覺者；與阿羅漢相比，就像睡著的人。」就這麼回答。有學位是指加行位到修道位之間的修行者，其中包含了凡夫及聖者，像加行位就是凡夫位，見道位、修道位就是聖者，他們為了斷除煩惱而修道所以就叫有學位。5'19"

這個問題就又答完了。然後天神可能還不甘心，又來問了第三個問題，天神又問說：「這頭白象有多少斤重呢？」很顯然可能有一頭大白象在那裡。然後可能那頭象太大了，所以大臣們討論了半天，也沒有人知道，太重了，怎麼量呢？又懸賞全國，都沒有人知道。然後大臣就問父親，父親又說了：「把大象牽到船上，看船在池水中下沈了多少，沿著水面畫一條線，然後把大象

牽出來，再把石頭放在畫線的這個船上，直到船下沈到同一條線，就知道大象有多重了。」於是就回答了天神，可以用這個方法，所以第三個問題又過關了。6'21"

可是天神還是不滿足，又來問了第四個問題。天神又問說：「用一捧水比大海還多，誰知道這是怎麼辦到的呢？」群臣們又開始討論，討論了半天，還是不知道，問了所有的人都不知道。所以大臣又去問父親：「這句話是什麼意思啊？」然後父親說：「這句話很容易！如果有人懷著清淨的信心，用一捧水供養佛陀、僧眾、還有痛苦的病人，由於這樣的功德，在數千萬劫中受福無窮。海水雖然很多，但是存在的時間不過一劫而已。所以一捧之水，能比大海多過百千萬倍。」就這樣去回答天神。我解釋一下，為什麼大海存在這麼久？每個世界都會經歷成、住、壞、空的階段，壞劫出現的時候，這個世界的一切都會被破壞，即使是大海水，也會由於火劫、水劫、風劫而被破壞，所以說海水存在的時間不過一劫。大家可以看這一段，這個父親啊，他是深信因果、博學多聞，連成住壞空全部都了解，大家可以想想這個父親，到底是什麼人呢？7'56"

天神呢？第四個問題被答了，天神還是不甘心，又來問了。

這次天神變成了一個飢餓的人，餓成什麼樣呢？瘦骨嶙峋、形銷骨立，就是非常非常地可憐，就問說：「在這個世間上還有人比我更加飢餓、更加貧窮、更加瘦弱、更加痛苦的嗎？」大臣們又開始左思右想，答不出來，這可能已經到達了一個頂點了。所以大臣又去問父親了，父親的答案是什麼呢？大家可以聽一聽，父親說：「世間上有人慳貪嫉妒、不信三寶、不能供養父母師長，將來之世會墮入餓鬼道中，百千萬年都聽不到水還有飲食的名字；身體像山一樣，腹部像山谷一樣，喉嚨像針孔一樣，頭髮就像錐刀一樣，而且纏住身體一直纏到腳，只要身體一行動，四肢的關節都會燃燒。這樣的人比你的飢苦百千萬倍還苦啊！」就用這一番話回答天神。9'28"

現在被問幾個問題了？上述這幾個問題，你們有沒有想啊？有沒有答上？有沒有答案？然後天神還不滿足，又開始第六個問題了，大家考慮考慮哦！這個天神又變化成一個人，這個人手腳都套上了枷鎖，連脖子上都掛著鎖鏈，而且全身冒火，舉體燒爛，又問說：「這個世界上，有人比我更痛苦嗎？」國王和大臣都沒有人回答，沒有人知道，也答不出來。你們想一下，你們會想什麼呢？這個時候，大臣又回去問父親了，父親回答說：「世間上有人不孝父母、忤逆傷害師長、背叛丈夫——這當然指妻

子，然後誹謗三寶，來世就會墮入地獄，地獄裡有刀山、劍樹、火車、爐炭，身陷沸屎之河，還有刀道、火道——就是那個路上都是倒刺的刀、燃燒的火，受無量無邊的痛苦不可計數，他比你痛苦可是超越百千萬倍呀！」就這樣如此回答天神。11'01"

然後天神又變化成一個女人，相貌端嚴美好，超越世人，又問說：「這個世間上，有人像我長得如此莊嚴嗎？」國王及大臣都沈默了，答不出來，所以大臣又去問父親了。父親當時就回答說：「世間有人，信奉尊敬三寶、孝順父母、喜好布施、忍辱、精進、持戒，能夠投生天上，相貌端正，出眾又美好，超過你百千萬倍，與他相比，你就像瞎眼的獼猴一樣。」就用這番話回答天神。11'57"

這個問題答完，天神又來了，拿了一塊正方形的、真正的檀香木，然後就問說：「哪一邊是樹根的部分？」國王及大臣的智力有限，答不出來。這段在佛經上沒寫懸賞全國、有誰回答，多半都是沒有人回答。然後大臣就回去問他住在地下密室裡的父親，然後父親說：「這很容易了解，把檀木放在水裡邊，根的部分一定會下沈，然後尾部一定會上浮。」就用這句話回答天神。12'40"

　　後來，天神又牽來兩匹白馬，身、色都一模一樣，天神又問說：「哪一匹是母馬，哪一匹是小馬呢？」君臣都答不出來。然後大臣又去問父親了，父親回答說：「給牠們草料，讓牠們吃食，若是母馬，必定會把草推給小馬吃。」13'11"

　　國王回答了所有的問題，天神非常地歡喜，饋贈國王大批的奇珍異寶，跟國王說：「你現在的國土我當擁護，讓外敵不能侵害你的國家。」13'29"

　　國王聽了之後，龍心大悅，就問大臣說：「這是你自己知道的，還是有人教你的？因為你的才智，才得以保護國家的平安，我獲得了那麼多的珍寶，又被天神擁護，這都是因為你的力量。」於是大臣就回答國王說：「不是臣的智慧，希望國王施直言無憚的恩德，我才敢跟國王您一一稟告。」國王說：「即使你今天有萬死之罪，還尚且不問罪，何況是小的罪過？」於是大臣啟稟國王說：「我們這個國家有一個制度命令，不允許孝養老人。而臣有一個老父親，我不忍心遺棄他，所以冒犯了王法，把父親藏在地下密室裡面。臣之所以能回答那些問題，都是父親的智慧，而不是我的力量。只希望大王的國土之內，都能准許孝養老人。」14'46"

　　國王聽得非常地讚歎，心生喜悅，就奉侍大臣的父親，而且尊敬他，把他當成老師。然後國王說：「您救了全國上下所有人的性命，這樣的利益不是我所能了解的。」於是就宣布命令，昭告天下說：「從此以後，不允許棄養老人，要孝養老人。誰不孝順父母、不敬師長，當判為大罪！」15'21"

　　佛陀講完過去的因緣之後，佛陀說：「當時的父親，就是我；當時的大臣，就是舍利弗；當時的國王，就是阿闍世王；而當時的天神，就是阿難。」15'41"

　　故事講完了，大家在想什麼呢？像舍利弗，他在因地當中，在那麼艱難的狀態下，冒犯王法也要孝養自己的父親。可是在今天，如果我們不孝養父親的話，是可能會被王法制裁，也會被社會的道德人士所譴責。所以我們生在這樣的一個時代，孝養父母，是沒有人阻礙你的。可是在我們的生命中，看看自己和周圍的人，孝養父母、尊敬師長這件事，做得如何呢？16'24"

　　所以在過年的時候，多去感恩自己的父母，如果自己的父母已經不在了，就好好地念經，為他們做一些功德，回向給他們。16'36"

　　聽了這樣的故事，大家可以想想，前面非常像腦筋急轉彎，也轉不過來吧！所以想一想釋迦佛在因地的時候，哇！不僅僅是博學多聞，真是智慧如海呀！所以，發願生生世世能夠皈依佛、皈依法、皈依僧，能夠在這個世界上自作教他，然後行十善法，好好地守持律儀。17'06"

　　在過年的時候，受持五戒的同學，尤其是受持了不飲酒戒的同學要注意哦！在大家親朋好友相聚的時候，你要特別清楚，你如果受了不飲酒的戒，不要忘記哦！另外不要殺生，多吃素對身體比較好。17'25"

　　再次地祝大家新年快樂、諸事大吉！17'31"

講次 0091

線上音檔掃描

為什麼會導致學這個、學那個有偏失呢？下面一段師父會講得很清楚，大家接著聽。0'07"

譬如說我們世間看很多事情，有很多人講那個事業的——佛法事業，講佛法事業，事業推展得很廣啊，但是他跟法慢慢地往往有點脫節現象。另外一種呢，他就講如法，講如法但是他那個事業慢慢地就慢慢地縮小，這我們就不大容易產生圓滿的這種答案。那麼假定自己修行來說，那個沒有關係，如果是你想把那教法的圓滿地傳開的話，這個就不足，這樣。所以在任何一個時候，總要把這兩樣東西能夠配合、調和得恰當，那麼這個教法才圓滿。0'51"

日常老和尚開示音檔起訖：2B 18:33～2B 19:16
2015年版手抄稿頁/行數：1冊P58-LL3～P59-L3
2016年版手抄稿頁/行數：1冊P58-LL3～P59-L3

　　到這一段要觀察自心了。師父說：世間看很多事情，有很多人講佛法事業，比如說佛法事業推得很廣啊，然後往往就跟法慢慢有點脫節。這個不知道大家作何感想？佛法事業推得很廣，為什麼跟法有點脫節了呢？不是很如法才能很廣嗎？為什麼會脫節呢？你們的答案是什麼呢？另外一種就是講非常地如法，但他的事業就慢慢地縮小，師父說：假定你自己修行的話沒關係，如果想要把教法圓滿地傳開的話，有這兩種問題都是不行的。「所以在任何一個時候，總要把這兩樣東西能夠配合。」注意！師父講了：「調和得恰當。」1'47"

　　現在我們來觀察一下，師父說第一種現象——「講佛法事業，事業推展得很廣啊，但是他跟法慢慢地往往有點脫節現象。」佛法事業推展得很廣，這句應該並不難理解，但是跟法慢慢有點脫節到底是什麼呢？首先要思考什麼是法？法的定義？法是具有救護和悲憫的功能。救護和悲憫什麼呢？我們這顆充滿煩惱和痛苦的心。所以談到法，一定是要拿這個法向內調伏我們的心、調伏我們心的煩惱。如果說向內調伏煩惱的話，拿什麼調伏呢？拿一個標準。什麼標準呢？比如說法律是標準，道德也是標準，還有佛說的戒律也是標準。戒律的核心就是不要傷害其他有情，止息我們這顆心向惡的那種力量，一定要扭轉它，讓它向

善，在一切緣起點上都要向善，讓我們的心去造作善的意樂，身口也去造作善業。3'22"

如果事業推廣得很廣的時候，忽略了內心捨惡取善的功夫，慢慢地滋長了內心的慢心、名利心，我執越長越大，位置也越來越高了，常常會看別人的毛病。看久了之後，就會習慣看別人都不對。如果看別人都不對，生起了利他心還好；如果看別人都不對、都是對不起自己的，而且自己是最厲害的，恭敬三寶、孝順父母、恭敬眾生，這些最重要的原則如果沒有辦法精進地執持，甚至忙著、忙著，這些都慢慢模糊了，只剩下把事情做大、把事情做大、把人聚多、把人聚多，卻忽略了法的清涼的特質。如果一個事業體，各個部門之間不能配合、都想壯大自我，甚至產生惡性競爭，其實這樣在裡邊工作的人們就會越來越不快樂、越來越有壓力，因為宗旨模糊了，這樣跟法真的就會慢慢脫節了。4'46"

提到法，一定要有聽聞的時間、思惟的時間，而且對境一定要練習提正念，過正念的人生。我們的事業，就是造集善業，一群人在一起斷惡修善，扭轉惡習，培養善妙的習氣，一切境界上都要修鍊自己的心，所以我們應該對法要很熟練，一定要有學法

的時間。所以現在大家天天都能夠學《廣論》、天天學法，真的非常地好！我們常常聽經典上佛菩薩的教言，我們就不會得到一種失心瘋——瘋到哪裡去了？瘋狂地迷戀事相，忽略了對內心的注視還有調整。所以隨喜大家能夠堅持這麼多年聽聞佛陀的教法，非常認真地聞思，而且基本上養成了一個聞思的習慣，我們會一直小心自己不要變成像師父說的這種跟法脫節的現象。5'52"

一旦發現只重視表象、忽略內心的惡習出現的時候，就要趕快調整，這樣就不會脫節。脫節一定是從心念上先開始的，沒有及時發現，所以絕對不能夠忽略自己的心啊！這顆心從推展佛法事業的動機開始，就要安立好，絕對不能忽略發心！發心是非常容易忘記的一件事情。發心很重要！串習得不熟練，就容易忘記。所以無始劫來，我們是不是串習得最不熟的就是發心吧？不然為什麼那麼容易忘記呢？我們不認為發心對我們的生命有多重要。每節《廣論》課都要發心啊！如果我們聽了二十年了，那你就練了二十年了。隨喜自己吧！練了二十年發心喔！也隨喜很多同學！這個善行可不容易啊！發心就是一個方向，它不是為了名聞利養，而是為了淨化煩惱、對治我們的無明，徹底消滅痛苦。為了生起真實饒益一切有情的心，哪怕只有一個念頭，都會累積

不可思議的資糧！7'04"

　　由皎潔的發心開始的佛法事業，一直在一個對自心的煩惱的對治中開展的事業，是否可以做到事業越大、煩惱調伏得越多、利益的人越多呢？而不是很多人一起跟佛法脫節了，自己浪費了生命，虛度了人生，在值遇佛法的時候，沒有好好地改變自我的生命，這是多麼大的損失啊！我們都自稱是學佛的，自己不可不慎啊！7'36"

　　無始劫來，我們習慣在外境上去找尋自己苦樂的原因，甚至是達到苦樂的方法，所以說：「眼睛長在臉上，就一直看著外面，耳朵也聽著外面。」我們會常常在外境上去尋覓自己離苦得樂的原因和那個結果，所以跟很多人在一起互動的時候，常常把自己痛苦的原因加諸在別人身上。但是佛陀告訴我們，修鍊自心的解藥是在我們自己手裡邊，我們這個痛苦的心，要吃什麼樣的藥才能夠快樂呢？就是要拿法來向內調伏。8'29"

　　在剛剛開始訓練的時候，我們會常常忘記用這味法藥；我們會常常還是按著原來的習慣，這條路走得太熟了，一走，就馬上眼睛去看別人、耳朵去聽別人，然後就覺得是外境上出了所有的

問題，我的心沒有太大的問題！所以我們就在外境上錙銖必較，花很多時間去諍論、去對抗，卻沒有反思一下自己的思路、自己的習氣有什麼問題。9'00"

一開始把這個方向向內扭轉的時候，是不太習慣，甚至是看不到自己有什麼問題。但是在班裡邊多多地學習，然後再承擔一些事情，從承擔一點點，然後慢慢承擔越來越多，慢慢地讓自己的心裡面多放一些人、多放一些人，在不停地學習這些教理的過程之中，我們就會訓練向內觀察的這個習慣。9'27"

不知道諸位現在在各自的班裡訓練得怎麼樣了？在家裡訓練得怎麼樣了？現在你沒走神吧？你有在聽嗎？你有在聽嗎？不要走神喔！訓練得怎麼樣了？是小有成就呢？還是一塌糊塗呢？還是越訓練你會覺得失敗率越高呢？無論是怎麼樣的一個成績，現在的你就是在聽，在聽教理呀、在修學呀！所以要堅持下去，堅持就會練習會的，因為這個方法是正確的、是清淨的——傳承是清淨的，很多人依著這條路修行成功了！為什麼你、我不行呢？所以堅持練下去，我們就能夠讓我的心跟法緊緊地連結在一起，絕對不要脫節！而是慢慢地在很多事項之中，把法放到自己的心上去觀察，一邊忙事情、一邊去觀察內心，練久了之後就越來越

熟了。10'36"

　　熟了之後就輕鬆了，因為費一點點力氣就可以好像進步很大；就不會費了很大的力氣，怎麼好像進步很小呢？其實對一個惡念的控制力的成功，也是很殊勝的。比如說你對別人笑不出來，你想跟他生氣。但是想想：「不行！要觀察內心，我要對別人觀功念恩、努力地微笑一下！」這個努力也是很值得稱讚的，因為畢竟是我們向調伏內心的修鍊功夫的一個進展，哪怕只有一吋、只有一分、只有一秒，都是非常值得恭喜的！如果你做了這樣的努力，那隨喜你喔！11'28"

講次 0092

線上音檔掃描

　　推廣佛法事業，就會想如何讓更多的人能夠學習佛法？就可能辦很多活動啊、去做計劃，這一群策劃活動的人非常地疲憊、非常地忙。忙著忙著之後，就只在意：「欸，又有多少人學了？」盯著那個數字，忽略了什麼呢？忽略了自己內心每一次的動機都是為了利樂他人、都是為了向內調伏。這個用法觀照內心的功夫，在一忙亂的時候可能就沒有那麼靈光了，尤其是很多人一起忙的時候，時間卡得滿緊的，到那個時間就必須做這個、做那個，就像沙盤推演，它是滿嚴絲合縫的一個集體活動。在這個集體活動之中難免磕磕碰碰的，有各種各樣想法的不一樣、習慣的不一樣，甚至萬一出了一點小問題，大家處理的方式也都是不一樣的。這樣的話，就要很多人一起完成一件事情，有的時候一不小心就把煩惱給勾出來了。1'01"

日常老和尚開示音檔起訖：2B 18:33～2B 19:16
2015年版手抄稿頁/行數：1冊P58-LL3～P59-L3
2016年版手抄稿頁/行數：1冊P58-LL3～P59-L3

　　這個時候如果忘記了法對於內心的攝持和調整，我們就會陷入彼此諍論、內心裡對抗、悄悄生悶氣，甚至也沒有溝通的動力……許多煩煩惱惱的心境就都會顯現，也會出現煩惱的過患。這時候我們就會發現：啊！我的煩惱一做事情就這麼重，好像什麼都能夠引生不愉快的感覺。當然這裡邊也有居士是另一種，就是承擔的時候很生歡喜心，但是我們這裡邊主要要調整的是前一種。所以在這個時候，當我們發現我們內心煩煩惱惱、很躁亂的時候，師父就教誡我們一定要把法的速度跟上，速度！所以叫「法人」，就是要法鏡內照，要向內調伏。這時候一定要想起來憶念法，用法來調伏，而不是習慣性一味地怪自己周圍的人。2'17"

　　我們會發現我們很需要和人在一起，可是和人在一起很麻煩；完成一件很大的事情，一個人是完不成的，要很多人和自己配合，如果是一個人的話，可能要面對很多困難，比如說生病的時候，我們自己躺在床上，沒有人是不行的。那麼一群人一起進步，一起來成辦一個事情，也一定要用法來調伏內心，才不致於大家湊在一起吵架，甚至沒有管好自己的心、沒有管好自己的身口，互相地傷害。所以當我們感到痛苦的時候，能不能想起來這可能是不善業導致的？我自己是有責任的！應該憶念法，用法的

鏡子自己照一照，透過修鍊自心的方式去對付痛苦、去打擊內心的痛苦。3'23"

而不是跟別人互動現起痛苦的時候，一味地在對方身上找自己的苦因，因為這樣找來找去你一定會找到對方的錯。找到對方的錯，我們怎麼能夠讓對方認錯呢？有的時候認錯的方式可能你自己也是不接受的，這樣處理起來，非常地麻煩、非常地複雜，因為別人的心不是你的心，別人的人生也不是自己的人生，你如何讓他符順於自己的心意呢？如果是對付自己的心的話，就比較容易，因為你可以看到你的心。透過觀察、透過法來調伏自己的心，你是可以有一定的自由度的。4'05"

所以一旦常常練習用法來向內調伏，所謂向內調伏就是自己的痛苦要想法自己處理好，自己去面對它，而不是自己一有痛苦的時候，就一定要怪很多人，而是你自己要面對這個痛苦，去處理它。用修鍊自心的辦法來對付痛苦，憶念法，讓法在我們的心上顯示它的功能——悲憫、救護，來對付痛苦。這樣的話，我們就不會一忙事業就跟佛法脫節了，也不會要修行就必須不要管太多。比如說忙事業的時候，哇！發現煩惱出現了，趕快調！這樣的話，出現多少次就調多少次，實際上這也是一個越來越緊，而

不是脫節的過程。4'52"

　　然後師父說的另一種現象就是：「他就講如法，講如法但是他那個事業就慢慢地慢慢地縮小。」我們一定會問說為什麼？為什麼如法，事業就會慢慢縮小呢？可以觀察一下自己的心，如果我們很在意自己的心有沒有生煩惱，我們就知道大家在一起做一個善行，很容易生煩惱。而自己一個人靜靜地看書、打坐，不要管太多事，好像很容易控制內心的樣子；人一多心就亂，人一多就沒法修行。可以想一想：如果學校的老師們都這樣想的話，每個班裡的孩子越少越好，那未來的孩子們怎麼辦呢？人們好像彼此會互相打擾，而不是互相幫助，大家都要一個獨立的空間，越清淨越好。5'53"

　　如果師父想要越清淨越好的話，我們應該就聽不到一百六十盤的《廣論》帶了。師父是一位高僧，為什麼他要選擇關心土地、關心教育、關心飲食、關心各方各面的我們的生活？這樣心不是會被攪亂嗎？如果他只是想要自己清淨，現在的你我還不知道在哪裡呢！如果他覺得人越少越好，那也不用建立僧團了！僧團那麼多來自不同地方的出家人，生活習慣都不一樣，那大家聚起來不是讓師父很累嗎？那也不用建立法人，也不用開展法人事

業，因為這都很累，都是很多人在一起，很麻煩的！6'43"

可是看一看師父，他在他每一篇的日記裡都那樣嚴格地要求自己、審視著自己的一言一行，兢兢業業地耕耘著自己的內心。幾十年如一日，師父示現認真地學習教典，嚴格地持守戒律，然後再開展僧俗的事業，師父的示現是不是最好的答案呢？7'14"

如果有人說：「沒錯！師父的示現是最好的答案！但那是師父，他是一位高僧，他能做到，我做不到啊！」大家想一想這個該怎麼回答？最近攝類學結業的同學有答案嗎？還沒學的有答案嗎？用學過的《廣論》的理路也可以回答。7'43"

那我再問一個問題：人多不能修行，人少就一定能修行嗎？有時候家裡只有兩個人，就沒有家庭戰爭嗎？管別人會生煩惱，不管別人就會斷煩惱嗎？如果修行人一上手，就不願意管別人、不願意關心別人、不願意為大眾做點事情，怎麼樣能夠擴展我們的心，關心到更多、越來越多的有情？甚至關心到所有的如母有情？怎麼趣向菩提心呢？那麼為什麼我們還會喜歡菩薩呢？是真的喜歡嗎？哎呀！因為我是凡夫啊！師父說：「正因為我是凡夫，所以才要學習佛菩薩。正因為我是凡夫，我才要努力學習、

努力改變自己呀！」我是凡夫，不是不上進的理由，而是應該上進的理由啊！不是這樣嗎？8'50"

再回到阿底峽尊者的示現，看他把所有的傳承都集聚一身的時候，我們應該向阿底峽尊者學習。所以師父說：「在任何一個時候，總要把這兩樣東西能夠配合、要調和得恰當。」像有的人說：「啊，事情一幹多了之後我就生煩惱，那索性什麼也不做！」就坐那兒看自己的心。這樣的話，有人就說：「他不發心。」有人就辯論說：「我坐在這裡，我就沒發心嗎？我可能也是發心了！」這些討論是可以的，但終歸是要向內調伏的。比如說不去承擔很多，會不會真的就少生煩惱呢？習氣、毛病不出來，就有機會調伏嗎？也不一定。忙多也好、忙少也好，最重要的問題是——我們能否把所學的教理結合內心，向內觀察。9'43"

無論是很多人在一起的時候，還是自己一個人的時候，都能夠真心地把師父講的這個法向內觀察。對於其他人懷著一種謙虛學習的心態，謙卑地學習；對自己懷著一個很深的警惕，比如學《廣論》，還有推展各種事業，要考慮考慮是不是有在膨脹我愛執？是不是把佛法事業做成了去拓展自己的事業、自己的能力，忘記了這是一個緣起之法，是因為佛陀的加持力、眾生的善根

力，還有很多很多緣起出現的吉祥的事情。一旦不去想緣起的話，就會發現自己在這個善業裡好像很突出的樣子，自己好像做了很多，但實際上沒有上師的加持，我們在行進於無上菩提的路上豈能前進一小點兒呢？10'37"

所以一旦把這所有進步的緣由歸就於上師三寶的深恩，甚至眾生的深恩，這樣的話，我們每走一步，都會讓我們的虔誠更加地深刻、更加感到自己有很多不足。這個不足不是自卑，而是看到自己的不足了之後要發願，讓我的不足能夠得到全面地改善，而不是看到不足馬上低落，說：「好，那我什麼也不幹！」不是這種心思！這種已經是過了，要被破斥的。11'08"

所以事業廣了之後，未必慢慢地就脫節；特別特別在意法能夠清淨地傳承下去，也不一定事業會變小。師父其實想要立出一個這樣的宗，對吧？但是現象是這樣的。所以說我們就要回歸自心去觀察一下：我是不是有這樣的毛病？如果我有這樣的毛病，我就要改善。而不是聽了這段，說：「啊！對、對、對、對，某某人就是這樣！我看他這麼多年，他就是這樣子！」這個念頭一出來你就知道說聽法聽錯了，典型的法鏡外照。這個要看自己！要看自己！11'45"

講次0093

線上音檔掃描

好！那我們再聽下一段。

> 　　同樣地，我們學的時候也是如此，是，我們每個人有我們的不同的根性，可是假定說你在這個地方，你能夠注意到這一點的話，你這麼走上去的話，最省事、最圓滿。偏重智慧的人，是不要忽視這個方便；偏重方便慈悲的人，也不可以忽視智慧。要不然我們很容易地了解，你講處處方便，現在的話叫「方便出下流」，完了！到外面來看，出下流的話，看得一團糟，實際上呢對我們來說的話，這結果是墮落。儘管你一番好心，說我要弘揚佛法，我要修持佛法，修了半天到地獄裡去了！那不修還好耶！所以，任何時候要把這兩樣東西圓滿地配合，這是很重要的。0'59"

日常老和尚開示音檔起訖：2B 19:16～2B 20:10
2015年版手抄稿頁/行數：1冊P59-L4～P59-LL6
2016年版手抄稿頁/行數：1冊P59-L4～P59-LL6

　　提到根性，師父說我們每個人有我們不同的根性，根性有利鈍的差別——有人比較聰慧，有人比較愚鈍。體現在學法上，可能就會有快慢之分。但萬一他愚鈍，但是他拼命用功，不停地廣泛學習教典，深入經藏，也可能變成利根。不同的根性，需要不同的引導；不同的習性，造就了不同的根性。我們所有的人都希望自己能夠變成利根，如何能用很少的力氣，就能夠達到很高的成就？沒有人不想要這樣修行，可有的時候用了很大的力氣，恰恰是反而倒退了。1'50"

　　師父說如果在這個地方能夠注意這一點的話，那麼你走上去就變成最省事、最圓滿。偏重智慧的人，不要忽略方便；偏重慈悲的人，也不可以忽視智慧。注意！他說：「假定在這個地方，能夠注意到這一點的話。」這一點是哪一點啊？哪一點啊？是不是偏重這樣的要注意？但是如何能知道自己是偏重哪一方面的？我們自己看自己，會不會看得很清楚我是偏重哪一方面呢？比如說有一些人，我們會很明顯地看見他好像情緒起伏比較大，情緒起伏較大是偏重什麼的？也不知道，就是看到有的時候會好像心裡不太平靜，容易痛苦、也容易歡喜，對吧？有這種類型的。還有喜怒不形於色的，看似平靜，有一天突然山洪暴發，嚇人呀！我們覺得這個人一向平和，怎麼會突然變成這樣？所以到底一個

人的習性是怎樣的，認識自己的習性，並非易事！所以當我們觀察自己的時候，還有諸多疑惑，有時甚至完全看不明白的。這個時候，一個過來人的指導，對於我們是多麼地難能可貴啊！3'20"

　　我們自己有一些什麼樣的偏失，通常都是要去請問善知識才會更精確地了解。比如這一段時間自己努力、很用功，然後很開心，好像對法有很多受用的樣子，但是到師父那兒一問，有可能師父會說：「啊！已經過頭了！」然後師父說：「自己覺得很高興的事情，可能要把它拆掉，去做另一件事情。」所以這個地方就再再地顯示了修行的路上是不能離開善知識的，因為善知識就會校正我們的根性還有習性上的一些弱點；因為自己是看不明白自己，我們對於自己引導自己是沒有經驗的。4'09"

　　親近了善知識，善知識就會告訴我們到底要如何修行自己，就像一面鏡子，讓我們不停地、不停地看清楚自己到底有哪方面的偏重、有哪方面的忽略。習性，想了解自己的習性，自己給自己下定義，自己知道什麼地方不足、什麼地方超勝，又知道如何改變，其實這並不是一個容易的過程。一開始如果沒有過來人指導，很容易自己給自己開藥全開錯了。所以怎樣能夠從偏重某一

方面調整過來，變成是圓滿的一個調配，而且是任何時候都是圓滿地配合，這是相當有難度的。沒有善知識的指導，絕無可能！怎麼可能在任何時候都能夠做到圓滿的配合呢？5'15"

比如說他偏重於在乎別人的感覺，好像比較容易理解別人的痛苦，比較容易看到別人難過的那一點；但是他過分地發展了這個心——體諒別人的痛苦之後，是否會疏忽原則呢？比如一個吸毒的人，你幫他戒毒的時候，如果你太在乎他毒癮發作的痛苦，一發作了，你就受不了了，無法堅持，最終還是幫不上他戒毒的這件事。所以，這種在乎，是在乎他一時感覺上的痛苦，卻忽略了長久以來被惡習折磨的痛苦，所以這種在乎是短視的，這種所謂的體諒是帶有毒性的，並不是真正意義上的體諒和關心，大家認為呢？6'13"

比如說關愛教育，有人就問我說：「如果都講關愛教育，原則怎麼辦？」其實我心裡的答案是：如果不關愛，談何原則呢？關愛本身也是原則。關——關注他的眼前和未來的方向；愛——與慈悲同義，拔除他的痛苦，給予歡樂。所以關心生命的方向，要建立崇高生命的理想、正確的離苦得樂之路，其實也就是正知見的建立。在建立的過程之中，去體諒學生的難處，陪他一起找

方法、突破難關、離開痛楚，走上康莊之路。 7'03"

你只有對一個有情特別特別地關注之後，你才能把一些底線性的、原則性的東西輸送給他，而不是強加給他，讓他能夠接受。所以關愛教育是第一步。可是，有一些同學就把關愛教育弄成是可以無底線地縱容，或者好像給別人很多方便，這樣的關愛其實已經不叫關愛了，可能叫禍害！這樣的教育也不是教育，它已經失去了教育本身。 7'35"

因為所謂的教育，我覺得跟慈悲的特質是一樣的，是給予歡樂、拔除痛苦。給什麼樣的歡樂，拔什麼樣的痛苦呢？究竟的苦和樂不能只從一時的感覺來判斷，一時快樂，並不代表是真正的快樂、以後都快樂，也並不一定是快樂的因。究竟的快樂一定是無罪的快樂，不會產生後患的歡樂，善知識給予我們的就是這種快樂。師父說：只要我們不放棄，可以陪我們走完最後一程。其實這就是一個菩薩的誓言啊！我發現很多很多弟子被師父的這個誓言所鼓舞，當我們無力前行，被境界的苦楚逼迫，瀕臨退心的時候，都是師父的這句話給了我們自己莫大的援助，跌倒了再爬起來，不停地向上！師父教導我們捨惡取善，原則要非常清楚，縱容惡習的所謂關愛是錯誤的；只講原則而沒有去體諒他人、為

他人著想，也會讓學的人非常地辛苦，甚至退心。所以，如何將生命的原則和動人的關愛完美地融合，真的是一種長久的修鍊。

9'01"

講次 0094

線上音檔掃描

　　在跟師父學習的時候，曾經看過一個這樣的例子：某位法師一直要推展事業，有很多很多的計劃，很希望師父能夠批准他的計劃，但實際上師父是一個也沒有批准的。後來我就請問師父說：「為什麼他不能做那些事業？」師父就說：「哎呀！某人啊！非常容易好高騖遠，沒有注意到當下的緣起，而且一衝起來誰也攔不住，到時候他要吃很大的苦頭，他那個習性很難轉彎！一旦強轉，必定弄得人仰馬翻、頭破血流！」師父對他的指導，就是攔截他的計劃，給他踩煞車，外相上看起來就是這個也不讓做、那個也不讓做，只能老實看經典、學習。一直喜歡做很多事情的人，可能就會覺得憋悶。但是這個時候，如果能夠調整自己，隨順善知識的言教，用這段時間用心補足過去在學習教典上的缺失，那該是多麼令人高興的事情。而且在自己最執著的事情上，也能夠修行觀父容顏、棄自自在、捨於尊重，很美好！

1'33"

日常老和尚開示音檔起訖：2B 19:16～2B 20:10
2015年版手抄稿頁/行數：1冊P59-L4～P59-LL6
2016年版手抄稿頁/行數：1冊P59-L4～P59-LL6

　　但談到棄自自在，談何容易啊！自己的習性，會一直把自己拉到自己特別執著的那個地方，所以這個時候要再把自己努力拉回來。在拉拔的過程中，一不小心對善知識非理作意，會認為善知識不信任自己、不重視自己，甚至會懷疑善知識覺得自己沒用，這樣的心思一旦出現，又沒有及時調整，就會跌入觀察過失、非理作意等等這樣的深淵。一旦沒有注意努力修信——修改自己內心中不信的那些觀點和感受，在善知識調整自己習性的時候，那是很危險的！反之，要朝著善知識指導自己的方向認真地改變自己，努力在很多緣起點上修信念恩，踏實地追隨善知識，調伏自己。幾年之後，我們可以觀察自己和他人，順善知識教和不順善知識教的這兩類，結果一定是天上地下，實在是差距太大了！十年看下來、十五年看下來、十八年看下來、二十年看下來，會越來越覺得師父的洞悉力是那麼準確、那麼慈悲！不敢忽視啊！3'05"

　　還有的人，除了學經典，其他事情也不想管。能夠深入經典，不是一個很美妙的習氣嗎？對此，師父會鼓勵一種人繼續學、繼續深入，很讚歎他認真學教典；而對另一種同樣很喜歡學教典的人，師父就會勸他多承擔，因為他越來越喜歡獨自寂靜、少事少業少希望住，越來越離群索居，一跟大家在一起就不能修

行，看到人會覺得有點煩，這樣的話，怎樣去關心他人呢？實踐利他的這個修行的目標也很困難，所以善知識一定會調整我們的。但被調整的時候，千萬不能錯以為師父是不喜歡自己學經典。要被調整的是那個學經典的動機和以後的方向，一定是為了利樂他人、解決一切有情的憂苦，而不僅僅是為了自得其樂呀！所以善知識有如我們修行的眼目和燈塔，會讓我們注意到腳下，也會讓我們瞭望到遠方。4'24"

師父又提到說：「處處講方便，方便出下流！」方便本來是一種善巧的方式，對吧？好像是一種捷徑。在幫忙他人的時候，給別人一個很容易的下腳處，然後步步增上，這也很好。但是這個方便，如果變成處處講方便，會不會沒有向上一步呢？只是注意到怎樣更容易，而沒有注意到該守護的原則？在需要、絕對要守護原則的時候，如果開了方便，就是放棄原則，那即不是方便，那是走下坡路，會一天不如一天！一旦曲解了方便真正的意思，而隨了自己的習性，如果沒有善知識指出來，還覺得自己不錯、挺聰明的，遇事腦筋靈活、左右迴旋，殊不知忽略了正道，再聰明也沒用啊！反而越是聰明，還被聰明害到，所以修到後來就修到地獄去了！因為在方便與戒律上，如果方便到連戒律都忽略了，而以那種方便為主要的方向，忽略了戒律，而養成惡習、

在因果上都不在意，來世堪憂啊！堪憂的地方，就是三惡道啊！所以我們一片好心想要幫忙他人，如果沒有重視戒律，雖然一片好心，也是徒然，只是對自他傷害罷了。6'07"

　　像這一段，師父提醒我們：不同習性的人有不同的特點，如何能夠擺脫自己的習性給自己帶來的困境？對我們來說，最重要的就是親近善知識，聽聞正法，依著善士的言教觀察內心。如果發現內心有不順善知識言教或教典所開示的次第之處，應該及時調整。在修行上真的不能以自我為中心、自己教自己怎麼修行、過分注重自我的感覺，甚至以感覺為主來修行，忘記了自己是個凡夫、很多感覺是顛倒的、很多感覺是宿業的再現。這種宿業，如果是順生死流轉的，甚至是趣向惡道的，那怎麼能夠隨順？而大乘善知識的言教，恰恰是讓我們出離生死、遠離惡趣的，所以才需要棄自自在，捨於尊重。棄了什麼自在啊？棄捨了流浪三惡趣的自在。祈請善知識引導我們脫離惡趣、脫離三有，在任何時處準確地捨惡取善，邁出當下踏實的、向上的一步。所以師父這一段的叮嚀、殷重的叮嚀，如果能放在心上，常常警誡自己，這一生乃至生生世世都會受用無窮啊！7'52"

講次0095

　　在上《廣論》之前，請大家還是要觀察一下自己的相續，調整一下自己的動機，要把自己的續流調整到準備聞法的一個狀態。那麼準備聞法的狀態和其他的狀態有什麼不同呢？最根本性的就是它的目的非常地明確——為了利益無窮無盡的有情，必須去希求佛果。在這樣的一個動機下，我們所做的聽聞，才會符順於我們所學習的大乘教典。0'43"

　　在平常忙忙碌碌、不停更換所緣的狀態下，有的時候我們可能會忽略我們的動機，在這些可能是很瑣碎的事務中消耗了生命的光陰，對自己三業的省察可能也沒有那麼嚴格。但是在聽聞的時候，因為我們的所緣都是法義，所以比較容易將所聞的法義來觀察自己的現行，率爾、率爾觀察三門，然後調伏，其實這樣是比較方便的。1'21"

日常老和尚開示音檔起訖：2B 20:10～2B 21:18
2015年版手抄稿頁/行數：1冊P59-LL5～P60-L4
2016年版手抄稿頁/行數：1冊P59-LL5～P60-L5

在每一節課之前，聽聞動機的策動是很必要的一個習慣，非常希望大家能夠養成這樣的一個習慣。因為在我們還沒有學《廣論》之前，我們是沒有這樣一個習慣的，我們不知道在聽聞前的發心，乃至思惟聞法勝利做前行是這麼重要的。因為如果前行沒有的話，其實會影響正行；正行如果被影響了，那所回向的可能也有太多的染雜。所以前行從來都是很重要的事情！前行做好了之後，正行可能就會很少失誤；再按照上師教我們的去回向的話，聽聞這一座法所累積的資糧可能就是非常可觀的，或者是我們生生世世受用不盡的一個資糧。2'11"

所以前行是非常重要的！希望大家不要嫌麻煩，因為一旦這件事情成為你的習慣之後就不麻煩了，就像我們自動地呼吸、我們的眼睛會自動地看什麼一樣，是我們的一個習慣。所以聽聞之前我們會自動地去思惟聞法勝利，將我們內心的續流轉向感恩三寶、專注於法義，希求解脫乃至成就無上菩提，這是非常美好的對自心的一個訓練。但是要成為習慣的話，一定要刻意訓練，不刻意訓練會忘記的，甚至久了之後會忽略，認為聞法勝利沒有什麼重要。其實這樣的話會輕視法的，輕視法，會有很大的過失！2'55"

所以無論我們已經學了多少年了，當「思惟聞法勝利」的這種勝利還沒有在內心中如量地、如法地生起的時候，還是希望大家能夠勤勉地、能夠不厭其煩地說服自己的心，在每一節課聽聞之前，要做這樣一個聽聞前行的策動；策動到一個量——我們的心，要因為這個策動而改變，比如說：緣念到佛陀的時候會心生感動，還有會覺得這個聽法的機會很難遇、很珍惜，甚至生起極強的歡喜心和希求心。所以，想到：能有今天這樣一次聞法的因緣，不知道往昔我們都做了多少勤苦的努力？而且從佛陀的那一方面講，成就一個佛果，要多少大劫積聚資糧？要捨頭目腦髓這樣的苦行，換來這樣的教正法和證正法。然後，還有很多傳承祖師，也都為法忘軀，所以我們才有這樣一個傳承。現在，我們才能夠聽到。4'15"

此時此刻，還有多少有情在三惡道？想一想：他們或者趴在幽暗的洞穴裡面，或者在一個不見天日的深深的海底裡，還有的在曠野裡奔跑，正在吞食其他的生命，或者被吞食；一旦淪為三惡道的有情，像海裡的大魚，一張嘴，一吸的時候，可能很多生命就不見了，所以活一天，都是要用眾生的血肉來維繫自己的生命，想想造很多惡業啊！餓鬼道的有情，要忍受長劫難以想像的飢渴呀！我們一天不喝水，或者幾天不吃飯——就那種飢渴，要

忍受難以想像的時間長度的飢渴;而地獄道的有情,那就更可怕了!此時此刻正在地獄道的有情,他們就處在無量的痛苦之中,而且是極其難忍的痛苦之中。而現在的你我由於上師三寶的恩德,有幸暫時脫離了三惡趣,有這樣一個隨順暇滿的所依身,而且非常非常幸運地值遇了大師的教法,我們現在就在聽《菩提道次第廣論》,一起研討。這樣的時光不是一揮而就,好像天上飄來一片雲那樣輕鬆的,是往昔我們花了多少勤懇的努力才得到的現在的機遇。得到了之後,這個心續剎那剎那一刻不停地向前奔流著,在老死還沒有被究竟地滅除之前,我們依然會遭受到生老病死的折磨,而現在正是一個能夠解決這種痛苦的最好時機。我們來聽聞正法,一定要讓這難得易失的暇滿時光發揮最大的效用,對什麼發揮最大的效用?對自他的離苦得樂,要產生最有力的、最真實的饒益。6'56"

所以聽聞前行的策動,我認為是非常非常重要的!尤其是班長,在帶班之前如果能夠好好地祈求的話,那麼這節課我們就能夠感受到佛菩薩很大很大的加持。這樣的話,在跟其他同學一起研討的時候,可能突然間就會靈光乍現,對某一個問題有更深入的了解,或者對內心產生更深入的一個感動,或者扭轉習氣。這都是有可能發生的,可能發生在瞬間!7'32"

今天我們就往下聽。上節課學到：「攝二大車善傳流，深見廣行無錯謬，圓滿道心教授藏，敬禮持彼燃燈智」。接下來我們要聽下一段。準備好的話就可以聽了！7'53"

那麼現在這個尊者就在這地方示現，喏，他就是這樣！所以他能夠把這個圓滿的這個教授，一點沒有錯地配合起來，這樣。所以他本身示現的位次我們不知道，根據他的傳記，他剛出家的時候，剛出家哦！就證得那個量是什麼？加行位上的位次。這個加行位相當於我們中國的大師當中選一位的話，是天台的兩位祖師——天台智者大師以及他的老師慧思禪師。哇，那高不可攀哪！這個有一個祖師就是憨山大師，這是明末四大師也是啊，一般人把他推崇為明末四大師之首，就是說四個人當中最高的。人家問他，說：「大師啊，你這麼了不起啊！那個比之於古人啊……」他要用、找幾個古人跟他比一比，他就隨便談幾個——天台智者大師。憨山大師怎麼說？「欸，我怎麼可以跟智者大師相比啊！那我只是開悟了得佛性，那個大師的位次是高得不得了！」9'02"

在這一小段我提出一個問題：「為什麼要跟中國的祖師的位

次做這樣一個對比呢?」有沒有想到?會不會想到三十年前有多少漢人了解阿底峽尊者?有多少人想要知道宗大師?那時候可能是完全都不了解的,《阿底峽尊者傳》應該沒有多少人知道。那我們怎麼樣了解一下這樣精彩的一位傳承祖師呢?所以師父就把我們漢地了不起的高僧大德,這樣地稍稍對比一下。9'46"

因為在下一段師父說:「為什麼要舉這個例子呢?」然後師父說:「我們哪,因為你沒有真實地認識,我們種種增上慢會很容易產生。」其實看到這個問題的時候我還是有疑問,我的疑問是:難道學的人會覺得自己比阿底峽尊者還厲害嗎?因為他並不了解嘛!那麼,這個問題是下一段提出來的。在這一段,為什麼要提一個我們漢地的祖師做這樣的對比?這是一個問題,可以先放在這兒。10'21"

阿底峽尊者有多了不起呢?這一層一層的,有憨山大師;然後比之於憨山大師,憨山大師說:「我怎麼可以跟智者大師比啊!我只是開悟了得佛性。」看一看!開悟的人他說:「我只是開悟了得佛性。那個大師的位次是高得了不得!」就是被大徹大悟的人所崇仰的智者大師。那麼阿底峽尊者的本地風光到底是如何,我們是沒法去揣測的,所以師父舉了這樣的一個例子。10'58"

講次 0096

線上音檔掃描

那麼我們再聽下一段。

　　我為什麼要特別舉這個例子呢？我們哪，因為你沒有真實地認識，我們種種增上慢心很容易生。欸，往往人家聽見大徹大悟，好像那個大徹大悟成了佛一樣。不是！大徹大悟有層次不同的，凡夫也是大徹大悟，也可以，就這樣；然後佛也是，天台智者大師也是。那我就特別說明一下，像憨山大師這麼地了不起的人，看那個天台智者大師這麼高。然後天台智者大師他最後走的時候，人家弟子問他說：「大師啊，你證得什麼品位啊？」「我只登五品，只登五品。」那還是在「觀行位」上當中的人哦，他的老師才是「相似位」當中的人。我們這位阿底峽尊者他不是最後哦，他剛出家的時候，哦，還沒有出家，他去參訪善

日常老和尚開示音檔起訖：2B 21:18～2B 22:27
2015年版手抄稿頁/行數：1冊P60-L5～P60-LL1
2016年版手抄稿頁/行數：1冊P60-L6～P60-LL1

知識，他那個善知識最起碼的都是加行位上的人，有很多是地上菩薩，就告訴他他自己的經驗，然後他照著修持，當時就證得他老師相應的位次。這樣高的一個人，出家，然後幾十年！1'14"

　　這一段不知道大家聽完之後有沒有疑問？可能很多同學疑問的是：聽到大徹大悟，好像大徹大悟就成了佛一樣，師父說：「不是！大徹大悟的層次是不一樣的。」這裡邊有一句話，說：「凡夫也可以大徹大悟。」注意哦！這裡邊說什麼？佛坐在菩提樹下，是不是也夜睹明星大徹大悟了？還有天台智者大師、憨山大師都徹悟了。這裡邊可能一些同學會有疑問：大徹大悟的還是凡夫嗎？1'53"

　　我稍稍作一個解釋。在這裡邊，徹悟肯定是對於空性的證悟力──了解。對於空性的了解，首先要從比量上證得，在比量上證得就屬於思所成。那麼比量證得為什麼叫「比量證得」呢？就是要依靠正因而證得它的所立，這就是比量證得。那麼在正因上，有「自利時」還有「他利時」。「自利」就是自己思惟，比如說成立空性的這個正因，思惟之後而證得了空性，這樣是比量，這個就叫「自利時比量」。「他利時比量」就是從他陳述的

這個正因，聽到之後他證得了空性，這個叫「他利時比量」。但是都是要依靠正因去證得什麼？所立，所以它是比量證得空性。比量證得空性可不可以叫徹悟？也可以吧！比量證得空性，是凡夫否？是的，所以他也是凡夫。3'01"

證悟空性，在《現觀辨析》裡邊列舉了九種正因去成立空性。有幾種還記不記得？大家還記得嗎？五相、七相、金剛屑因，還有離一異、破有無生、破四邊生、破四句生、對立可得因，還有一個緣起因。透過這九種正因去成立無自性的道理，然後行者要對這個無自性的道理進行思惟。剛才我講的是比量證得，比量證得屬於思所成；接下來用〈奢摩他〉去證得空性，它屬於修所成；修所成之後，再來用止觀雙運證得。這個之前還是屬於什麼？分別心的，還是屬於分別心證得，止觀雙運之後最後現證空性的那個行者才是聖者。不是用分別心證得，它是現證。那個時候，如果是大乘行者的話才是登初地，然後還要兩大阿僧祇劫累積資糧，去成就無上正等菩提。4'18"

大家可以想想這個過程哦！依據教理去判斷一個大德他的所證，不是說：啊，看起來像怎麼樣！因為有嚴格的教理的基礎來判斷。所以像這裡邊寫到，阿底峽尊者他的老師最起碼都是加行

位的。加行位是什麼？就是剛才我們說止觀雙運去證得空性，還是在分別心上證得，還沒有現證之前，那時候是加行位的。有記得這段吧？師父講到：「有很多是地上菩薩」，就是阿底峽尊者的老師哦！「就告訴他他自己的經驗」，就是他的老師把他的經驗告訴他，「然後他照著修持，當時就證得他老師相應的位次。」所以這是絕頂聰明的一個修行者，他的成就是很難想像地高！師父說：「這樣高的一個人！」所以他才能把幾派的傳承融會於一身嘛！5'18"

講次 0097

線上音檔掃描

師父說：「為什麼要舉這個例子呢？我們哪，因為沒有真實地認識，我們種種增上慢會很容易產生。往往聽見大徹大悟，好像大徹大悟成了佛一樣。」0'14"

在這裡邊，師父提到了增上慢這樣的一種心態，那麼什麼是增上慢？在世親菩薩所著的《五蘊論》，還有安慧論師所著的《廣五蘊論》中，提到「慢」總共有七種，增上慢是這七種慢中的第五種。在玄奘大師所翻譯的世親菩薩所著的《五蘊論》中說：「云何為慢？所謂七慢：一、慢，二、過慢，三、慢過慢，四、我慢，五、增上慢，六、卑慢，七、邪慢。」什麼是增上慢呢？就認為自己已經獲得自己尚未獲得的殊勝所證法，心高舉為本性，這就是增上慢。所謂他自己認為他已經獲得了自己尚未獲得的殊勝所證法，殊勝所證法到底是什麼？就是指聖果及禪定等

日常老和尚開示音檔起訖：2B 21:18～2B 22:27
2015年版手抄稿頁/行數：1冊P60-L5～P60-LL1
2016年版手抄稿頁/行數：1冊P60-L6～P60-LL1

等。聖果，從大小乘來分的話，小乘的聖果就是預流果一直到阿羅漢果，大乘就是初地一直到佛地之間。由於我們沒有真實地認識，所以自己會認為自己已經得了這些聖果乃至禪定等等。1'42"

　　為什麼我們沒有真實地認識，會產生增上慢呢？或者判斷別人判斷錯了，或者判斷自己。「真實地認識」請問是來源於何處呢？現在我們大家都知道一定要詳盡地、仔細地聽聞教典，然後開始廣泛地去辨析、了解，透過紮實地對教典的學習、對教理的聞思修，我們才能夠知道判斷的界限。比如剛才我說的聞、思、修三個層次的證悟，甚至加行位的證悟到最後登地，它的位次、它的界限是非常非常清楚的。但是如果我們不仔細地學教典的話，我們就會把一個凡夫的大徹大悟和一個登地菩薩的大徹大悟，甚至和一個十地菩薩的大徹大悟全部混成一團，完全無法判斷。甚至如果有一個人在我們面前說他大徹大悟了，我們都不知道他到底徹悟什麼，都不會去詢問。祖師曾經說過：如果廣講加行位菩薩的功德的話，一個普通的凡夫可能會認為那是佛陀的功德，加行位哦！但是，一個普通的凡夫聽起來的話，哇！會覺得他的功德跟佛陀幾乎是沒有差別的，甚至就是佛陀的功德哦！3'08"

　　所以師父在這一小段，看這幾句話：「不是！大徹大悟有層次不同的，凡夫也是大徹大悟。」可以想見三十年前哦！三十年前《菩提道次第廣論》還沒有在漢土流行，那麼師父怎麼樣把這個嚴密的教理給我們講清楚呢？你看，師父用了三行就講成這樣子了！但是這個三行我們要學好多。那麼對於教典沒有學習的初心行者來說，透過這幾句話可能就會去鑽研了，比如說：欸，為什麼大徹大悟層次差這麼多？而且凡夫也大徹大悟了？沿著這個疑問大概就可以去學教理。3'45"

　　所以我會自己想：為什麼師父要舉這樣一個例子呢？透過這樣一段描寫，當然是讓我們去稍稍了解一下阿底峽尊者他到底是怎樣成就的一位高僧大德；另一方面，提到了天台宗的判教的方式，如果我們不去廣學教理的話，其實是沒法理解師父在講什麼的。所以師父在講《廣論》的整個過程，都在鼓勵我們一定要深入、廣泛地去學習教理。學習教理了之後修行會快得多，而且不會走上歧途。因為就像一個地圖，你要沿著地圖去到一個沒有經過的地方，而且要有善知識引領的話，這就變得方便得多！4'31"

　　師父在學教理這一點上，示現的是非常非常嚴謹的。師父幾

乎有閒暇的時間——我們說的閒暇就是他沒有在見人、沒有在開會、沒有在各地跑法人事業、四處去鼓勵同學的話，幾乎都在看書。像我的其他善知識們也都是這樣，都在看經典。師父看經典的時候，有的時候會發現師父非常非常地感動，講不出話來，然後他會在佛堂裡走來走去、走來走去，就是很激動；有的時候，師父看經典會流眼淚。在旁邊看著師父的時候，會感覺到經典上所顯現的一切，彷彿都顯現在師父的內心之中。你跟著師父的話，就會覺得經典上所講的一切，其實一個學佛的弟子只要好好地努力，是可以把它現證在內心中的。但是要嚴格地按著道次第的修行，不能人云亦云，或者自己想我的證悟經驗是怎樣。5'33"

師父這兩小段，由阿底峽尊者的證悟，結合到我們漢土的高僧大德，他對我們寄予了深刻的希望，就是希望我們能夠把佛陀所講的法詳盡地學好。如果想學好的話，一定要學傳承祖師所造的論，因為論就在釋經，要把這個學好才能夠知道路徑，我們才能夠開正知見眼。有了正知見的眼睛之後，我們戒律的腳才能夠走向正確的地方，所以這是非常非常重要的一點！師父在這兩段裡對我們寄予了這樣的厚望，所以他這樣講。不知道你們聽的時候你們有什麼高見？我也很想知道！6'16"

講次 0098

好！那我們大家來聽下一段。

> 那個時候他參訪善知識十幾歲，到七十幾歲死，你可
> 想而知他多高。但他沒有說明，至少從我們現在有的傳記
> 當中，他沒有說出來「我自己到了什麼位次」，這個沒
> 說。但它至少這個地方說明了，他這個大師，有把佛陀的
> 這個教授圓滿地擺在這裡。這所以為什麼當年在印度啊，
> 他在所有一切的宗派都崇奉他——你念佛的，你跟了他一
> 定成功，你參禪的，跟了他一定成功，不管你禪、淨、
> 律、密、教，因為他得到圓滿。所以這個地方的，它這個
> 表示這個傳承，有它殊勝意義。0'50"

這一小段，師父說：阿底峽尊者他把佛教的教授圓滿地傳承
下來，當年在印度達到什麼樣的成就呢？就是各宗各派尊奉的大

日常老和尚開示音檔起訖：2B 22:27～2B 23:11
2015年版手抄稿頁/行數：1冊P61-L1～P61-L6
2016年版手抄稿頁/行數：1冊P61-L1～P61-L6
四家合註入門頁/行數：1冊 P61-LL6～P63-LL5

師。他腰間掛著一百零八所寺院的鑰匙，所有的寺院都尊他為頂嚴，不管是哪個法門的，都跟著阿底峽尊者修行。可以想見，把這樣一位大德請到西藏該多麼困難，那個可能不僅僅是國寶級的問題了！1'30"

阿底峽尊者離開榮耀的最頂端，然後去藏地，語言也不通。大家如果到阿底峽尊者駐錫過的聶塘寺，可以看到房子是很矮的、很小很小的一個寺院。他當年為了把教法傳持下來捨壽二十年啊，就為了把這個道次第的傳承傳下來，所以真的要感恩阿底峽尊者的深恩啊！1'59"

我們現在所學的一切，如果沒有諸位大德捨卻一切，這樣弘法利生的奉獻，我們現在豈能聽到這樣的傳承呢？所以「敬禮持彼燃燈智」的「敬禮」，應該是發自我們內心深處的最最虔誠的一個敬禮，而且要盡未來際地感恩下去、禮敬下去！如果沒有這麼精彩的傳承祖師，我們現在縱然是想要出離生死、想要發大乘心，甚至想要去成就佛陀那樣一個大覺佛位的果位，我們如何能夠找到路徑呢？如何能找到次第？如果沒有這些先賢大德們為我們作種種的示現和教導，我們真的是不知道該如何修行，所以「敬禮持彼燃燈智」！3'04"

現在大家把《四家合註入門》打開到六十一頁，還是要看中間的藍字和紅字、黑字的部分。說：

其次禮讚造此道者獨一天尊：從二大車依次善為傳流，圓具詞、義、加持等，非有間隙及含毒等。由深見以及廣行二門，往趣圓滿佛地之道次第、體性及其差別等悉皆無謬，此復完具齊備，故為圓滿，又攝道之支分等至言密意抉要、一切經續之教授無盡寶王藏、善妙生源，敬禮持彼吉祥燃燈智慧。此讚無等覺窩大師。4'02"

下面就看六十二頁，我們的《講記》哦！說：「其次禮讚造此道者獨一天尊」，「造此道者」是指道次第──《菩提道炬論》的造者，就是指勝阿底峽尊者。「獨一天尊」，就是至尊的意思。這一偈就是對阿底峽尊者作禮讚。4'24"

下面又有問題，說：「『道』是什麼？」仁波切回答說：「『道』就是指道次第。這個教授的造者是誰呢？就是覺窩具德阿底峽。」4'34"

「從二大車」，從上面的龍樹、無著菩薩傳下來的傳承，注

337

意！圓具了詞、義，還有加持力，在加持力的力量上是沒有散失和減損的，就是他的傳承加持力傳承到現在是沒有一點點減損的，這是上師傳持下來的傳承所必須的，就是加持力沒有凹凸的。他為什麼會具有這樣的力量呢？因為沒有間隙；間隙就是中間有空掉，傳承就斷掉了。而且就算沒斷，下面說「含毒」，比如說一杯奶茶如果有一滴毒藥的話，那可能就完全不能用了，那已經不是飲料，是毒藥！所以它這裡邊沒有一點點摻雜不清淨的、有毒的部分。5'24"

「間隙」，它原來是指房子與房子中間的空隙，用此比喻傳承間斷；「含毒」，就是在傳持它的時候，混雜了煩惱的意樂，這個是指惡劣的意樂。但是我們這個傳承不是上述的情況，所有的傳承祖師在傳它的時候，沒有含混著非常惡劣的意樂。心中的想法，沒有被過失、雜質染雜，完全沒有這些過失；它是極其清澈、極其清淨的傳承。這裡邊說：加持力完全沒有散失、沒有減損的一個強大的傳承，而且是「◎依次」傳下來的傳承。6'11"

善傳「◎由深見◎以及廣行◎二門，往趣圓滿佛地之道」，它傳持了深見和廣行兩個門徑。注意！它這個善傳流這個「善」，必須是毫無間斷的傳承，加持的威力也沒有散失，沒有

被破壞誓言的雜質所染污。這裡邊所有的傳承祖師，都沒有破壞誓言的雜質，這都是清淨傳承所必須的，清淨傳承是非常非常重要！6'46"

回憶一下：具備了詞和義，還有什麼？加持力！注意！詞、義、加持力，沒有間歇——沒有空隙、沒有含毒。而且是依次由深見及廣行兩個門徑，趣圓滿佛地的這樣一個傳承。我們現在聽的就是這樣的傳承，所以是何等地榮幸！7'14"

「⑱往趣圓滿佛地的道⑲次第、⑳體性和差別等悉皆無謬」，就是完全沒有錯謬，一點點錯謬都沒有的！「㉑此復完具齊備」，這裡邊體性、加行等等這些道次第全部是圓滿的，「㉒故為圓滿」；「㉓又攝㉔道之支分等至言密意㉕扼要」，都在裡邊。那麼攝集道的支分等八萬四千法蘊，也就是十二分教扼要，或者說一切經續的教授，像什麼呢？仁波切這裡邊講：「就像如意寶庫般的『㉖寶王藏』，如意寶庫，是「㉗無盡」的「㉘善妙生源」。「持彼」，執持這個寶庫的到底是誰呀？就是「㉙吉祥燃燈智」——覺窩具德阿底峽尊者。8'07"

前面讚美了那麼多這個傳承的美好，那麼這個這麼優美的、

完全清淨、有力的傳承，傳持到哪裡了？傳持到勝阿底峽尊者，他把它一肩擔承，是持有這個寶庫的所有者。所以敬禮覺窩具德阿底峽！8'29"

　　在最後面又有人提問題，說：「到底執持了幾個傳承？」仁波切在講的時候，非常強調說：「是三個傳承！因為這裡邊有間接顯示了偉大行派，是至尊文殊怙主、寂天菩薩的傳承，稱之為偉大行派。這個沒有直接說出來，但是在其他地方都有提到三脈法流匯為一，所以阿底峽尊者完全擁有這個三脈傳承的法流。」三脈傳承法流的匯合，就像長江大河匯合到大海一樣，匯合到阿底峽尊者的身心上。所以對這樣的傳承祖師，獻出我們從內心深處的禮敬！9'11"

講次0099

線上音檔掃描

我們接著聽「遍視無央佛語目，賢種趣脫最勝階，悲動方便善開顯，敬禮此諸善知識」這一個偈子：0'12"

那麼再下面呢，除了這個正支以外，其他的相關的、旁邊的一些什麼人，下面那個偈。

遍視無央佛語目，賢種趣脫最勝階，悲動方便善開顯，敬禮此諸善知識。

除了這個正統的這個一脈相傳的我這個師承以外，其他的相關周圍的這些大善知識都在裡頭。而大善知識每一個的條件都是什麼？「遍視」，這個遍是普遍，他沒有執著的。而是什麼？「無央」，一切諸佛的這個經教，一切

日常老和尚開示音檔起訖：2B 23:11～2B 25:30
2015年版手抄稿頁/行數：1冊 P61-L6～P62-L7
2016年版手抄稿頁/行數：1冊 P61-L6～P62-L7

諸佛的經教。他了解這個道理,而且都是「賢種」,種就是種性住,平常我們叫三賢十聖。真正具足善根,已經一定走上大乘路子的這個行者。所謂「最勝階」,表示大乘的這樣的那個祖師們。由於他這個悲心的關係,所以用種種的善巧來說明這個佛、菩薩殊勝的意義,教導我們的那些諸大善知識。這個是歸敬,也一方面是歸敬求加持、消業障,另外一方面表示這個傳承,也讓我們知所歸趣。

所以我們真正要學佛法的話,最重要的,剛才說你要得到善知識,那麼什麼叫善知識呢?後面會詳細說明。可是這個裡邊,真正地要了解這個善知識,你沒有智慧辨別不清楚。有一點容易的,換句話說他的世系如何?他的傳承如何?這個東西大家不能亂的。這一點我們不必用智慧去辨別,你能夠找到這個的話,確定都是圓滿無缺的善知識。所以他這個地方也簡單地說明了這一點,也就是說本論真正殊勝之處,這樣。2'33"

好!我們看一下師父對這一段的解釋。說:「其他相關周圍的大善知識在這裡邊」。注意哦!師父說:「大善知識每一個的條件」,這些了不起的大善知識哦!每一個條件都是什麼呀?它

這裡邊有個「遍視」，普遍的、沒有執著的，都是什麼？「無央佛語目」。「無央佛語」就是一切諸佛的經教。一切諸佛的經教到底有多少啊？流傳在我們人間、我們南贍部洲沒有散失的經教，乃至在很多個世界的那些經典，他們都遍視了嗎？3'13"

以前有跟法師們討論過這個問題，當我提說：「遍視了嗎？」提這個問題的時候，有法師回答說：「道次第能夠總攝一切佛語的扼要，通達了道次第，也算是某種程度的遍視無央佛語。」還有一個法師回答說：「《廣論》所皈敬的傳承祖師，主要都是道次第的傳承祖師，因此這裡稱讚諸大善知識遍視無央佛語，也應當是從這些道次第的傳承祖師通達道次第的角度而做讚歎。」3'46"

在慧海大師所著的《廣論講誦筆記》裡，也有這樣一段。提到慧海大師，慧海大師是清朝乾隆時期的人，他是拉卜楞寺的大德，被譽為整個格魯派耳傳教授最清淨、最完整的寶藏。拉卜楞寺是對傳承要求非常嚴格、非常清淨的，這裡主要就是看他的上師法，如果有一點點跟上師矛盾，或者違背跟上師誓言的，大家就不會去跟他求法。像慧海大師他寫的密法的著作就成為上下密院的課本。就是這樣的一位傳承祖師——慧海大師，在他所著的

《廣論講誦筆記》裡,有講到二世嘉木樣大師的一段話。4'50"

關於二世嘉木樣大師,不知道大家有沒有了解,拉卜楞寺就是一世嘉木樣大師建立的。那麼二世嘉木樣大師跟章嘉國師是同時代的人,六世班禪的傳記就是二世嘉木樣大師寫的。隆多喇嘛仁波切曾這樣說:「當時藏地生起菩提心的典型人物就是永津班智達,而通達空性見的典型人物就是二世嘉木樣大師。」《廣論講誦筆記》裡說:「二世嘉木樣大師在傳《安樂道論》的時候曾說:『要徹底地傳授《安樂道論》的引導,需要花上一個多月的時間,但我現在太忙,恐怕沒有時間。雖然是這樣,可是如果圓滿地講授獲得道次第的引導的話,就代表獲得八萬四千法蘊的引導;能夠講聞道次第,就能夠代替講聞八萬四千法蘊;能夠複誦道次第,就等於複誦八萬四千法蘊』。」慧海大師說:「對於上述這些話,要是真正懂得思惟的話,《廣論》的每一句話都會攝持八萬四千法蘊的修持。」6'12"

到底可不可以達到「遍視無央佛語目」這樣的境界呢?怎麼能夠達到呢?諸位的答案是什麼呢?大家也可以觀察思考一下。6'24"

　　然後又解釋了「賢種趣脫最勝階」，這樣了不起的祖師們哦，被大悲所繫縛的祖師們，他們用種種的善巧，來為真正具足善根的所化機開顯了菩提道，所以禮敬這些善知識。6'46"

　　接著師父下一段講了一個問題，說：「我們要真正學佛的話」，注意哦！注意，不要走神！「我們真正要學佛法的話」，注意！又出現了那個「真正」兩個字，記得師父在前面的磁帶也講過，說：「如果想真正地學佛的話。」這裡邊出現了「真正」，要考慮考慮：我們平常是想要真正地學佛法呢？還是沒有那麼真正？7'17"

　　說：「如果要真正學佛法的話，最重要的，就是要得到善知識。」師父說什麼樣的才叫善知識後面會說。但是這裡邊對於我們一個初機的學者，到底怎麼去找善知識呢？怎麼辨別呢？很困難，但是師父說：「有一點是容易的」，有沒有發現師父在教我們？「換句話說他的世系如何？他的傳承如何？」這個善知識他是不是有傳承的？這個是不能亂的。如果說他是有清淨傳承的這樣一個傳承善知識，「你能夠找到這個的話，確定都是圓滿無缺的」，是確定他有清淨傳承。這裡邊可能包括教正法、證正法很多傳承哦！所以可以想見師父講了前面的這些偈頌，在很多處都

在告訴我們：學佛最重要的一定要尋覓善知識，然後一定要依止
善知識；那麼依止善知識，一定要去尊重這個傳承，學習這個傳
承。所以在這點上，我們可以再再地觀察一下我們自己：在我的
心中，有沒有特別特別重視傳承、珍惜傳承？8'38"

講次0100

線上音檔掃描

　　我們現在要看《四家合註入門》，所以請大家把書翻到六十三頁，還是要看那個紅字、藍字和黑字的部分。0'13"

　　說：「其次讚歎尊師自身之親傳上師——虛空幢及法依吉祥賢等：猶如遍視〔無邊故為無央。〕〔一切語中最為勝，故為佛語。〕」

　　這個「最為勝」是解釋佛語的。

　　「目之道次第與善知識，三士道次以及詮說彼諸至言，易於趣入復賜大義，是故猶如賢種趣脫之度越輪迴大海最勝階磴或津梁，而於如此道次第，因由大悲愍撼動其心，令無自在，善巧於依所化心志三種次第，引導直至

日常老和尚開示音檔起訖：無
2015年版手抄稿頁/行數：無
2016年版手抄稿頁/行數：無
四家合註入門頁/行數：1冊 P63-LL4～P68-L6

佛地之方便，^巴一切時處^妙依道次第之門，由聞思修而善開顯^妙一切至言文義，敬禮此諸善知識。^語此為禮敬其餘此法諸上師。」1'14"

我們下面看仁波切的講記。語王大師註解說：「^語其次讚歎尊師自身之親傳上師」，「尊師」，指宗喀巴大師，是語王大師對宗大師的敬稱。宗大師是從何處聽聞道次第的呢？洛札大成就者虛空幢上師，和依怙大堪布──「^語法依吉祥賢」。宗喀巴大師從這些上師聽聞了道次第，所以他在造《廣論》的時候，禮敬自己的親傳上師。1'56"

「遍視無央佛語目」，「無央」就是指「^妙無邊」，「^妙猶如遍視^妙一切佛語目^妙之道次第與善知識」，這個「目」到底是指什麼呢？「應該理解為道次第」，注意！這是一種解釋，「和自己的善知識」。「^妙賢種」就是賢善種性，趣往解脫和一切遍智。「^妙度越輪迴大海最勝^妙階磴或津^梁」，這個「津梁」是指碼頭。所謂的「階磴」，本來是指河壩、高起的台階，但這裡也是指碼頭；這句的意思是具有賢善種姓者從這裡出發，這是能渡越輪迴大海最殊勝的入口，是在讚美善知識，也可以說是在讚美道次第、三士道次以及詮說彼諸至言。為什麼這樣講呢？因為道

次第是善知識——也只有善知識——能夠傳承給我們的。3'06"

那麼這裡的階磴或津梁指什麼呢？就是「^巴三士道次以及詮說彼諸至言」，這是巴梭法王的註解。如果再加上妙音笑大師的註解，這句話可以指道次第與善知識，道次第的部分就包含了三士道次及詮說三士道次的經論。大家可能想說：三士道次及詮說三士道次的經論，有什麼差別呢？在這裡可以理解為，三士道次就是指內心中生起了三士道的證德，是證正法；詮說三士道次的經論，就是教正法。3'54"

「^妙易於趣入復賜大義」，這是妙音笑大師的註釋。「易於趣入」，是指如果修持三士道次第的話，不會走入錯道，非常容易趣往佛地。「復賜大義」，是說如果修持三士道次的話，能夠獲得佛果位的大義利。「^妙於如此道次第」，對這樣清淨的至言，「^妙因由^妙大悲^憫撼動^妙其心，^語令無自在」，就是佛菩薩由於大悲心不能自在。依一切種「^妙所化」的眾生的「^妙心志」，結合著下、中、上三士夫的根基，三種次第，引導到哪裡呀？直至成佛、佛地的所有方便，而作善巧地宣說。這樣善巧地「^巴一切時處^妙依」三士「^妙道次第門，由聞思修而善開顯^妙一切至言文義」，敬禮這樣的善知識！所以「善開顯」，就是由聞思修

而開顯道次第的修持，令未解的能夠解，以前不懂道次第的修持，上師宣說之後懂了修持，就是「善開顯」。另外這裡邊還有增廣的這個意思，增廣什麼呢？聞思修的證德。如果在世間的話，有人給我們介紹了一個賺錢的方式，而我們就用這個賺了萬貫家財，簡直是取之不盡，用之不竭；而善知識，善於開顯能夠趣入解脫道和一切智智的方便，就像賜予我們一個如意寶，這個如意寶可以解脫所有的悲愁，賜予最殊勝的快樂。而這種快樂，沒有痛苦煩惱的染雜，一旦得到這種快樂，將永遠不停息地綿延下去，這就是善知識賜給我們的大義，大義是什麼？就是最勝的快樂！5'53"

後面又有問題了！說：「『敬禮此諸善知識』，是指除了深見派、廣行派、偉大行派，和匯集三派的傳承者阿底峽尊者之外的善知識嗎？」這個前面都講過了，當時我沒聽明白，我又來問。然後仁波切說：「主要是頂禮宗喀巴大師自己的上師——虛空幢及法依吉祥賢。虛空幢所傳的道次第，實際上就是阿底峽尊者所傳的《菩提道炬論》。」6'17"

然後某人就說：「啊，那弟子明白了！我想這三士道，好像只有阿底峽尊者明白地闡述出來，怎麼又有一派祖師闡述出來

350

了？」當然現在我不會有這樣的疑問了。還說：「好像都是道次第？」然後仁波切說：「道次第是自己的上師傳持下來的。道次第也不是宗喀巴大師自己創造出來的，而是從阿底峽尊者一代一代這樣傳下來，一直傳到他自己的上師——虛空幢尊者和法依吉祥賢尊者，所以在這裡面主要是頂禮自己的上師。」6'47"

然後說：「師父，如果是頂禮自己的上師的話，那第一句『遍視無央佛語目』，『遍視』是好像這一切他都看見了，他看見的是什麼呢？整個佛陀的語教嗎？」仁波切說：「對、對、對！透過道次第，八萬四千的法門都容易理解，就像自己的眼睛一樣，大體就是這個意思。」然後說:「『目』在這裡面有一個解釋，就是道次第，還有一個就是善知識。」這裡面就是一些討論。7'15"

後來仁波切又說：「對於自己的上師禮敬這個偈子，要把自己的上師和一切上師都攝入其中。觀視佛語的『目』，要理解為道次第與善知識，善知識是指自己的上師。而『此諸善知識』，指禮敬一切有結法緣的善知識，禮敬一切的善知識！」後來師父又說：「讚歎這個道次第，也是讚歎自己的上師啊！道次第，這個道次第誰來給你傳呢？就是上師傳的呀！需要具足這兩個涵

義。所以之前的註解也有提到『道次第與善知識』。」這裡邊還是解釋那個「目」字，就是道次第和自己的善知識要一併禮敬的意思。8'02"

　　跟隨著善知識們學法的時候，會深刻地發現自己的善知識他們對自己的上師，都有著非常深刻的感恩心，應該說永銘肺腑那樣的一個感動。以前聽仁波切講最初教他《現觀》的老師，還有講教他很多經典的老師、小的時候幫他學習的老師。我記得在很小的時候遇到仁波切的時候，仁波切說：「其實我的上師是一個普通的僧人，沒有什麼名氣，但是我所有的修行的來源都是他恩賜的！」那個時候我還不了解傳承，才剛剛開始跟仁波切學習，仁波切就非常非常感動地跟我講了這句話。當時因為仁波切的表情讓我印象很深刻，所以直到現在還歷歷在目。8'58"

　　所以當我們接觸到這個傳承的時候，傳承師長就會把對上師一份感恩、滿滿的感恩、深深的尊敬，還有從上師那裡來的加持力，傳遞到我們的身心上。所以在學習的時候，要注意跟自己的善知識好好地祈求，要恭敬虔誠，這樣可以得到所有學法的加持力，乃至源源不絕的動力！9'26"

　　〈皈敬頌〉可以總攝整本論的內涵，字數不多，但義理很深！仁波切常說：「學習〈皈敬頌〉主要是要生起信心，生起了信心之後，後面的法類就很容易生起。」要再再地思惟、再再地修才能夠生起。透過憶念善知識的功德、隨念深恩，才能生起。仁波切特別特別強調這一點，很多善知識也極為重視我們的信心。在很多經論裡都用大量的譬喻讚美信心的功德，所以我們在聽聞和學習的時候，最好能夠轉變內心，能令內心發生歡喜、發生感動！10'15"

　　為什麼對上師生起信心那麼重要？生起信心，可以得到三寶的加持。上師是一切諸佛的總聚體，透過對上師修習信心、隨念深恩，能夠獲得解脫、一切智智，這是最大的恩德，不是給我們一點點眼前的利益所能相比的。如果對上師習慣觀察過失、常常觀察過失，是很容易生起邪見的。如果生起了邪見，就得不到加持！善知識有很多功德，不是這樣隨便講講說：「啊！善知識很有功德。」應該再再地觀察思惟，沿著皈敬頌的文句義理，多次反覆地思考、專注思考、凝神思考。如果我們能對善知識生起信心的話，那我們學習《廣論》就太有意義了！最殊勝的修行方法就是這個！11'23"

各講次與日常老和尚廣論開示之音檔、手抄稿段落對照表

講次	音檔長度	廣論音檔段落	2015版廣論手抄稿頁／行數	2016版廣論手抄稿頁／行數	四家合註入門
0040	09'28"	2A 00:00～04:02	1冊 P35-L1～P37-L1	1冊 P35-L1～P36-LL1	無
0041	06'28"	2A 00:00～04:02	1冊 P35-L1～P37-L1	1冊 P35-L1～P36-LL1	無
0042	06'10"	2A 00:00～04:02	1冊 P35-L1～P37-L1	1冊 P35-L1～P36-LL1	無
0043	06'13"	2A 00:00～04:02	1冊 P35-L1～P37-L1	1冊 P35-L1～P36-LL1	無
0044	06'38"	2A 00:00～04:02	1冊 P35-L1～P37-L1	1冊 P35-L1～P36-LL1	無
0045	07'18"	2A 04:02～06:26	1冊 P37-L2～P38-L2	1冊 P37-L1～P38-L2	無
0046	06'53"	2A 04:02～06:26	1冊 P37-L2～P38-L2	1冊 P37-L1～P38-L2	無
0047	09'26"	2A 06:26～07:13	1冊 P38-L3～P38-L6	1冊 P38-L3～P38-L6	無
0048	07'21"	2A 07:13～08:16	1冊 P38-L7～P38-L11	1冊 P38-L7～P38-L12	無
0049	08'39"	2A 07:13～08:16	1冊 P38-L7～P38-L11	1冊 P38-L7～P38-L12	1冊 P51-L3～P51-L12
0050	11'09"	2A 08:16～09:57	1冊 P38-LL2～P39-L8	1冊 P38-LL2～P39-L9	無
0051	09'14"	2A 09:57～11:11	1冊 P39-L9～P40-L1	1冊 P39-L10～P40-L1	無
0052	06'06"	2A 11:11～12:41	1冊 P40-L2～P40-L9	1冊 P40-L2～P40-L10	無
0053	06'43"	2A 11:11～12:41	1冊 P40-L2～P40-L9	1冊 P40-L2～P40-L10	無
0054	08'02"	2A 12:41～13:40	1冊 P40-LL6～P40-LL1	1冊 P40-LL6～P40-LL1	無

講次	音檔長度	廣論音檔段落	2015版廣論手抄稿頁／行數	2016版廣論手抄稿頁／行數	四家合註入門
0055	09'48"	無	無	無	1冊 P52-L8 ~ P54-LL3
0056	08'07"	2A 13:40 ~ 14:58	1冊 P41-L1 ~ P41-L10	1冊 P41-L1 ~ P41-L11	無
0057	05'33"	2A 13:40 ~ 14:58	1冊 P41-L1 ~ P41-L10	1冊 P41-L1 ~ P41-L11	無
0058	06'01"	2A 13:40 ~ 14:58	1冊 P41-L1 ~ P41-L10	1冊 P41-L1 ~ P41-L11	無
0059	04'32"	2A 14:58 ~ 15:51	1冊 P41-L11 ~ P41-LL1	1冊 P41-L12 ~ P41-LL1	無
0060	07'31"	2A 15:51 ~ 17:17	1冊 P42-L1 ~ P42-L8	1冊 P42-L1 ~ P42-L9	無
0061	07'06"	無	無	無	1冊 P54-LL2 ~ P56-L9
0062	11'19"	2A 17:17 ~ 19:21	1冊 P42-LL6 ~ P43-L5	1冊 P42-LL6 ~ P43-L5	無
0063	09'28"	2A 19:21 ~ 20:28	1冊 P43-L6 ~ P42-LL4	1冊 P43-L6 ~ P42-LL4	無
0064	08'45"	2A 20:28 ~ 21:29	1冊 P43-LL3 ~ P44-L3	1冊 P43-LL3 ~ P44-L4	無
0065	06'04"	2A 20:28 ~ 21:29	1冊 P43-LL3 ~ P44-L3	1冊 P43-LL3 ~ P44-L4	無
0066	06'52"	無	無	無	1冊 P56 LL7 ~ P58 LL6
0067	06'59"	無	無	無	1冊 P56 LL7 ~ P58 LL6
0068	08'15"	2A 21:29 ~ 23:04	1冊 P44-L4 ~ P44-LL3	1冊 P44-L5 ~ P44-LL2	無
0069	06'32"	2A 21:29 ~ 23:04	1冊 P44-L4 ~ P44-LL3	1冊 P44-L5 ~ P44-LL2	無
0070	10'59"	2A 23:04 ~ 25:55	1冊 P44-LL2 ~ P46-L3	1冊 P44-LL1 ~ P46-L4	無

各講次與日常老和尚廣論開示之音檔、手抄稿段落對照表

講次	音檔長度	廣論音檔段落	2015版廣論手抄稿頁/行數	2016版廣論手抄稿頁/行數	四家合註入門
0071	07'01"	2A 25:55 ~ 27:13	1冊 P46-L4 ~ P46-LL3	1冊 P46-L5 ~ P46-LL3	無
0072	10'07"	2A 27:13 ~ 27:52	1冊P46-LL2 ~ P47-L2	1冊P46-LL2 ~ P47-L3	無
0073	08'52"	2A 27:13 ~ 27:52	1冊P46-LL2 ~ P47-L2	1冊P46-LL2 ~ P47-L3	無
0074	07'12"	2A 27:13 ~ 27:52	1冊P46-LL2 ~ P47-L2	1冊P46-LL2 ~ P47-L3	無
0075	06'03"	2A 27:13 ~ 27:52	1冊P46-LL2 ~ P47-L2	1冊P46-LL2 ~ P47-L3	無
0076	11'21"	2A 27:52 ~ 2B 01:52	1冊P49-L1 ~ P50-L3	1冊 P49-L1 ~ P50-L1	無
0077	09'57"	2B 01:52 ~ 2B 04:10	1冊 P50-L4 ~ P51-L3	1冊 P50-L2 ~ P51-L2	無
0078	13'00"	2B 04:10 ~ 2B 11:45	1冊 P51-L4 ~ P55-LL4	1冊 P51-L3 ~ P55-LL3	無
0079	07'20"	2B 11:45 ~ 2B 12:30	1冊 P55-LL3 ~ P56-L3	1冊 P55-LL2 ~ P56-L4	無
0080	11'34"	2B 12:30 ~ 2B 13:38	1冊 P56-L4 ~ P56-L10	1冊 P56-L5 ~ P56-L11	無
0081	08'02"	無	無	無	1冊 P58-LL5 ~ P59-L8
0082	06'18"	無	無	無	1冊 P59-L8 ~ P59-LL6
0083	11'06"	無	無	無	1冊 P59-LL6 ~ P60-L4
0084	07'48"	無	無	無	無
0085	12'04"	無	無	無	無

講次	音檔長度	廣論音檔段落	2015版廣論手抄稿頁／行數	2016版廣論手抄稿頁／行數	四家合註入門
0086	09'50"	2B 13:42 ~ 2B 15:20	1冊P56-LL4 ~ P57-L6	1冊P56-LL4 ~ P57-L7	無
0087	15'10"	2B 15:20 ~ 2B 16:20	1冊P57-L7 ~ P57-LL3	1冊P57-L8 ~ P57-LL3	無
0088	11'29"	無	無	無	無
0089	08'50"	2B 16:20 ~ 2B 18:33	1冊P57-LL2 ~ P58-LL4	1冊P57-LL2 ~ P58-LL4	無
0090	17'31"	無	無	無	無
0091	11'28"	2B 18:33 ~ 2B 19:16	1冊P58-LL3 ~ P59-L3	1冊P58-LL3 ~ P59-L3	無
0092	11'45"	2B 18:33 ~ 2B 19:16	1冊P58-LL3 ~ P59-L3	1冊P58-LL3 ~ P59-L3	無
0093	09'01"	2B 19:16 ~ 2B 20:10	1冊P59-L4 ~ P59-LL6	1冊P59-L4 ~ P59-LL6	無
0094	07'52"	2B 19:16 ~ 2B 20:10	1冊P59-L4 ~ P59-LL6	1冊P59-L4 ~ P59-LL6	無
0095	10'58"	2B 20:10 ~2B 21:18	1冊P59-LL5 ~ P60-L4	1冊P59-LL5 ~ P60-L5	無
0096	05'18"	2B 21:18 ~ 2B 22:27	1冊P60-L5 ~ P60-LL1	1冊P60-L6 ~ P60-LL1	無
0097	06'16"	2B 21:18 ~ 2B 22:27	1冊P60-L5 ~ P60-LL1	1冊P60-L6 ~ P60-LL1	無
0098	09'11"	2B 22:27 ~ 2B 23:11	1冊P61-L1 ~ P61-L6	1冊P61-L1 ~ P61-L6	1冊P61-LL6 ~ P63-LL5
0099	08'38"	2B 23:11 ~ 2B 25:30	1冊P61-L6 ~ P62-L7	1冊P61-L6 ~ P62-L7	無
0100	11'23"	無	無	無	1冊P63-LL4 ~ P68-L6

廣海明月——道次第廣論講記淺析　第二卷

造論：宗喀巴大師
講述：日常老和尚
淺析：真如

文字整理：月光國際譯經院（釋如法、釋如密、釋如吉、釋性華）
　　　　　福智僧團法寶中心（釋性由、釋性蓮、釋性竺）
　　　　　福智南海寺僧團法寶組（釋起演、釋法載、釋法入）
文字協力：王淑均、沈平川、黃瑞美

責任編輯：李依霖
美術設計：王瓊玉
美術完稿：張福海、施凱評
排版：華漢電腦排版有限公司
印刷：科樂印刷事業股份有限公司

出版者：福智文化股份有限公司
地址：10555 台北市松山區八德路三段 212 號 9 樓
電話：(02)2577-0637
客服Email：serve@bwpublish.com
官方網站：https://www.bwpublish.com/
FB粉絲專頁：https://www.facebook.com/BWpublish/

總經銷：時報文化出版企業股份有限公司
地址：桃園市龜山區萬壽路二段 351 號
電話：(02)2306-6600

出版日期：2019年 8 月 初版一刷
定價：新台幣 240 元
ISBN：978-986-97215-4-7

國家圖書館出版品預行編目(CIP)資料

廣海明月：道次第廣論講記淺析. 第二卷 / 宗
喀巴大師造論；日常老和尚講述；真如淺析.
-- 初版. -- 臺北市：福智文化, 2019.08
　　面；　公分
ISBN 978-986-97215-4-7 (平裝)

1.藏傳佛教　2.注釋　3.佛教修持

226.962　　　　　　　　　　108010373